[英国]关大眠 著　郑柏铭 译

佛学概论

牛津通识读本·

Buddhism

A Very Short Introduction

译林出版社

图书在版编目（CIP）数据

佛学概论／（英）关大眠（Keown, D.）著；郑柏铭译．—南京：译林出版社，2013.6（2025.3重印）
（牛津通识读本）
书名原文：Buddhism: A Very Short Introduction
ISBN 978-7-5447-3449-3

I.①佛…　II.①关…②郑…　III.①佛教－概论
IV.①B948

中国版本图书馆 CIP 数据核字（2012）第 270729 号

著作权合同登记号　图字：10-2024-372 号

佛学概论 ［英国］关大眠／著　郑柏铭／译

责任编辑　於　梅
责任印制　董　虎

原文出版　Oxford University Press, 2000
出版发行　译林出版社
地　　址　南京市湖南路 1 号 A 楼
邮　　箱　yilin@yilin.com
网　　址　www.yilin.com
市场热线　025-86633278
排　　版　南京展望文化发展有限公司
印　　刷　江苏凤凰通达印刷有限公司
开　　本　890 毫米 × 1260 毫米　1/32
印　　张　8.25
插　　页　4
版　　次　2013 年 6 月第 1 版
印　　次　2025 年 3 月第 16 次印刷
书　　号　ISBN 978-7-5447-3449-3
定　　价　39.00 元

序言

赖永海

关大眠（Damien Keown）的这本《佛学概论》（Buddhism: A Very Short Introduction）英文原版问世已有多年，颇受读者欢迎。这本小书篇幅不大，却是一本优秀的佛学入门作品。作者的写法并不像一般的入门作品那样，只是简单地罗列资料、介绍学科历史，而是有重点、有创见地对佛学领域的一些重要主题进行了梳理。佛陀的教义、业与轮回、佛教伦理、禅定、佛学与日常生活的融合、佛教思想在过去许多世纪中的演变、佛教对当今时代人类所面临的困境的回应，这些在书中都有富有洞见的探索。

全书开篇即以一个载于《百喻经》中的盲人摸象的故事来描述佛学研究的现状。舍卫国那些眼盲的臣民被分成小组，然后各自去触摸大象的某个部位，有的摸头，有的摸耳，有的摸腿，有的摸牙。于是，在他们的各自描述中，大象便或者像水壶，或者像箩筛，或者像石柱，或者像门闩；因此，便有了无休无止的争论。

的确，受到主观态度、文化背景、思维方式或者研究方法等等因素的影响，不同的研究者对佛学往往会形成相当不同的看法，得出的结论也常常各有殊异。应该说，这种现象是正常和合理的，因为佛教本身是一个复杂的多面体，各个人用不同的方法，从不同的角度去看佛教，得出的结论自然不会完全一样，例如，仅就研究方法而言，除了传统的“以佛学研究佛学”的方法之外，还有诸如哲学诠释方法、历史考据学方法、宗教社会学方法、宗教心理学方法，乃至现象学、分析哲学的方法等等。不同的方法对于揭示佛教的某一方面或某一层面的思想特质都有其特殊的作用，它们之间并非一定相互矛盾或对立，往往可以相得益彰。如果人们能用尽可能多的方法、从尽可能多的角度去研究佛教，那么，对于佛教的了解和认识就会更全面和具体，从而使自己的认识更接近于真理。

佛学确实是一座博大精深的人类思想宝库，不同的人都可以从中获得自己想要、对自己有用的东西。例如，对于那些喜欢思辨哲学的人来说，佛学应该说是一个相当不错的栖身之所。德国古典哲学家黑格尔对中国古代哲学颇有微词，认为它的思辨性不强。实际上，要么黑格尔不了解佛学，要么他没把中国佛学纳入中国古代哲学范围。实际上，佛学的思辨性绝对不亚于世界上任何一种哲学体系，而中国佛学不但是中国古代传统学术文化的一个重要组成部分，我甚至把它视为中国古代哲学的主干所在！而对于那些较多着眼于现实人生，希望探寻某种人生智慧或者某种调适身心法门的人来说，佛教中的思想资源更是取之不尽、用之不竭！

真诚希望今后有更多的人来研究佛学，也真诚祝愿不同的人都能从佛学中受益，能从这本佛学著作中受益！是为序。

目录

引文出处例释及发音

读者阅读本书时不时会遇到这样的引文标注，例如“D. ii. 95”等等。这些是指佛教经典，特指早期佛教正典的巴利文经卷学会文本。其标注规则例释如下：首个字母指称结集佛陀说法的经文典藏之一，即

D 《长部》
M 《中部》
A 《增支部》
S 《相应部》

罗马数字“ii”则指卷数，而阿拉伯数字“95”是页码。因此“D. ii. 95”就是指“《长部》第二卷第95页”。还会碰到少量引文包括前缀“Vin-”，即“律”，这些是关乎禅院寺庙清修生活的规条戒律。全部巴利文正典悉由巴利文经卷学会译成各种语言出版，而其他更近期的译文则在推荐书目中列出。

语言及其发音

佛经成文和传播的过程所涉及的语言文字包括巴利文、梵

文、藏语、泰语、缅甸语、汉语、日语以及朝鲜语。根据习惯，但凡引用经文术语，或用巴利文或用梵文。本书中多用巴利文，除非梵文形式已为英语接纳，诸如“karma”（羯磨）和“nirvana”（涅槃）等等。专名拼写若在其他文本中习见（如Ashoka）亦将保持原貌。重要概念术语凡巴利文和梵文互见者，皆以括号示之。

梵文和巴利文的拼写均需使用变音符号，如“ā”和“ṃ”等等，皆因英文二十六个字母不足以摹写亚洲语言如许大量之字符。元音之上的短横（长音符号）意为长音，如此则“ā”读如“far”中而非“fat”中的元音。其余变音符号对读音影响不大，可以忽略不计。以下则属于例外：

c　读如“ch”，例如在“choose”中；

ś或ṣ　读如“sh”，例如在“shoes”中；

ñ-　读如“ny”，例如在西班牙语之“mañana”中。

辅音下的点（比如ṭ、ḍ等）表示发音时舌尖触到上腭，有印度口音的人发来，好似英文腔调。

第一章

佛教与象

佛陀曾经讲述过一个盲人摸象的故事(《百喻经》[1] 69及下页)。他说舍卫国旧君命令所有的盲目臣民集合并分成小组。各组盲人被分别领到大象身边,摸索大象的某一部位,如头如身如腿如尾等等,然后再分别描述大象的形状。摸过象头者就说大象如水壶,摸过象耳者则说大象如箩筛,抱持过象腿者称大象如同石柱,而碰过象牙者则断定大象跟门闩一样。众人争论不休,各持己见,认定只有自己的判断才是正确的,而其余议论都是谬说。

过去一个世纪的佛学研究在许多方面颇与这群盲人和大象的际遇相似。某些佛教的研究者往往专注于佛学传统的某一细节,借此推导出足以涵盖全部事实真相的结论。他们所把握的细节多少有点像象牙一样——虽然引人注目,却并非大象身上最具有代表性的部分。结果他们就对佛学研究妄下结论,断言佛教"消极"、"弃世"、"悲观",不一而足。尽管这种妄下结论的倾向近年来稍见收敛,但在一些较旧的经籍文献中仍可找到;这些作者总想过分强调佛学传统的某些特征,或者假定某种文

① 天竺僧伽斯那著,南朝齐求那毗地译,以譬喻故事九十八篇阐明佛教基本教义。——本书注释均由译者添加,以下不再一一说明。

化或某个历史时期对佛教的描述和定义可以放之四海而皆准。

因此,盲人摸象的故事给我们的第一个教训就是:佛学广泛而复杂,任何人面对它时都必须慎之又慎,切勿只是根据自己对局部的一知半解便轻下断言。一些动辄便以“佛教徒认为……”或者“佛学教导说……”开头的说法,实在应该谨慎对待。我们应该使这些命题言之有物,问清楚何为“佛教徒”,他们遵循什么佛教传统,各自又分属何宗何派等等,这样才能使之较有价值。有些学者走得更远,宣称对西方而言,作为跨文化现象的“佛教”(在西方文字中,“佛教”一词之立迟至19世纪30年代)并非单一实体,而是许多亚传统的集合。若果真如此,则应该以复数形式称呼佛教为“诸佛教”而不仅仅是“佛教”而已。只不过以这种方式“解构”佛教的倾向,至多可以看作一种反拨,所针对的只是将佛教本质化的早期倾向,即假定佛教只不过是个单一组织,天下却又只此一家。在这个问题上的中庸之道,是把佛教看作盲人摸象故事中的象:它是看似互不相关部分的奇妙结合,又借一个中心令各个部分互相关联。

我们应该从故事中吸取的第二个教训未必显而易见,却未必不重要。这个教训就是,盲人的类型也是多种多样的。视知觉实验显示了观念对于所见事物的重要影响。在很大程度上,人类只是见其所愿见者——或曰想见其所愿见者,而将与其现实模型不相符者过滤掉。不同文化养育幼儿的方式不同,幼儿观察理解事物的方式也不同,这可以解释何以某种风俗习惯在局外人看来稀奇古怪,而对文化背景相同的人来说则自然而然。与其他文化打交道的时候,人们很容易凸显自己的观念和价值,随即便在该文化中变戏法一样地将它们“发掘”出来。于是乎“佛教”就成为我们希望(或者害怕)它成为的东西。这种倾向即使专家亦难避免，他们常常将自己的见解阴差阳错地“读入”研究资料；故此许多西方学者在解读佛教时与其说是基于佛教本身，不如说是更依赖于自己的个人观点和文化背景。

除了个人感受的不确定性和形形色色的主观态度产生的影响之外，还存在着一种危险，即人们会受到和“他者”相遇时所浮现的文化定式的影响。当代作家如爱德华·萨义德已经注意到这一倾向，西方在其文学艺术中构造出的“东方”多半是后者阴暗面的折射，而非真实存在的精确摹写。我们不必认同萨义德的那种精心炮制的阴谋理论，即西方在处心积虑地将东方定型，作为在政治上殖民东方的先声。我们可以认识到人们在对其他文化进行研究的时候，往往会不自觉地受到几乎意识不到的自身文化的成见和臆断的影响。因此谈到佛教研究，我们必须保持警觉，以避开“文化盲点”的危险，并且避免由这种臆断导致的误解，即西方的概念和范畴可以毫无保留地应用在其他文化和文明之上。

佛教是不是一种宗教?

一旦试图为佛教下个定义，类似的问题便会接踵而至。佛教是宗教、哲学、生活方式，还是一种伦理制度?要对它进行归类绝不容易。它向我们提出挑战，要我们重新思考这些范畴。举例来说，我们说的“宗教”到底是什么?人们多半会说所谓宗教总是与对上帝的信仰有关。上帝又被理解为创造世界上万事万物的至高存在。而且，上帝对人事盛衰具有莫大兴趣(或许至少说迄今仍是)，他与人类结盟，广泛显示自己的意志和存在，在关键时刻以神迹示人。

如果如此信仰上帝成为宗教的要义，佛教就不可能是一种宗教。佛教从不坚持这种信仰，倒是与此相反，根本否认造物主的存在。如果按照西方惯用的范畴进行描述，则佛教会被看作“无神论”。只不过这种定性仍有问题，因为佛教认可上帝以及诸神这样的超自然存在。另一方面，佛教也确实与其他无神学说，比如马克思主义，并无多少相似之处。故此，“有神论”和“无神论”这样的范畴在这里似乎并不真正适用。有人甚至提出需要一种新的范畴，即用所谓“非有神论”宗教来描述佛教。另有人认为我们原先的定义太过狭窄。莫非所谓造物主这一某种宗教甚至某类宗教的中心概念，其实倒并不是所有宗教的定义性特征?若是这个概念对于所有“亚伯拉罕”或“闪族”诸教，即犹太教、基督教以及伊斯兰教来说至关重要，那么世界上就一定存在着别样的信仰系统——例如儒、道，它们在很多方面与西方宗教大体相同，却又缺少这一关键成分。

宗教七维

自从战后比较宗教学的研究真正开始以来，佛教已经出过一些难题来考验那些学者，他们一直在试图为自己的课题给出令人满意的定义。多人曾对这个问题做过成功探讨，尼尼安·斯马特是其中之一。他并不勉强给出定义，而是试着将宗教现象条分缕析，归纳为七个主要方面。如其所说，所谓宗教有如下维度:(一)实用性和仪式性，(二)体验性和情感性，(三)叙述性和神话性，(四)教条化和哲学性，(五)伦理性和律法性，(六)社会性和组织性，以及(七)物质性。这种方法的好处显而易见:它没有将宗教削减为简单化的教条或者信仰，也不暗示所有宗教信仰者必有某种共同之处。不同文化和不同历史时期的资料都显示出，各种不同宗教一般而言并不存在这种共同之处。然而，似乎又确实有一些事实汇聚成我们称之为“宗教”的这一现象。佛教如何由此七维构成?对于这七个方面逐个加以分析,或可使我们避免成为那些盲人，可以把握住并讲述出大象的七个方面,而不仅仅只有一个。

实用性和仪式性

较之强调祭仪的宗教诸如犹太教、东正教等等,佛教在实用性或仪式性方面不算张扬。但是佛教的祭仪典礼兼具公众和私人两种性质,其中有许多更是关乎禅院寺庙生活的。出家为僧须经过披剃仪式,如落发;还有定期仪式,如每月朔望之时集体修持戒律(丛林清规)。还有一个重要的年度仪式是“斋僧法会”,即僧人结束雨季静修之后,俗众向僧众布施衣物的仪式。但是僧众并不经常为俗众举行祭礼，也很少主持婚礼和洗礼。这些祭祀仪式通常都被当作家事,而不是宗教事务,尽管礼成之后众人亦会前往庙观寺院祈福。佛教僧侣并不负有祭师之责——他们并非神、人之间的中介,往往也并不具备超自然的能力或权威。僧侣确实经常出入葬礼,因为死亡是通往未知世界的门径,正是在面对未知世界时佛教有话可说。佛教徒亦相信,人们临终时的心理状态因为可以影响来生而显得分外重要。

没有上帝的宗教?

有些学者否认佛教是一种宗教,因为佛教徒不信仰至高无上的存在,也不信仰个体的灵魂。这种判断所依据的“宗教”定义是否有褊狭之嫌?据斯马特称,所谓宗教具有下列“七维”,若其言之成理,则佛教仍可归入宗教之列:

(一)实用性和仪式性,
(二)体验性和情感性,
(三)叙述性和神话性,
(四)教条化和哲学性,
(五)伦理性和律法性,
(六)社会性和组织性,
(七)物质性。

佛家不同部派礼拜方式各有不同。当地风俗习惯和传统的影响,加上俗家信众(包括西方佛教徒)的愿望要求,使得不同部派发展出新的仪典(例如婚礼),以便与其他宗教提供的类似服务相匹敌。佛教也会对其他宗教产生影响。曾有迹象表明,某些佛教祭仪——例如日本文化中人工流产之后进行的"水子供养祭"——正在被西方祭仪所吸收。

体验性和情感性

佛家的体验和情感维度——作为生活经历——显得至关重要。佛陀证悟得道的个人体验是全部佛教传统的基石。佛陀曾经三番五次宣示其体验是其教义的根源,并且暗示,所有教诫若未经个人体验加以证实便毫无价值。佛陀的明心见性也包括了情感领域,体现为深刻的慈悲。正是这种慈悲为怀的动机促使他传播他的教诫,或称"法"。出于对人间苦难的悲悯慈爱,他的大半生都在传经布道之中度过。他所宣扬的教义正是他认为"难得见之明之,精微奥妙,唯智者或可体验之"的东西,好处就是让那些"一叶蔽目者,不会因为未闻其说而光阴虚度"(M. i. 168)。

体验之于佛教之所以非常重要，是因为佛教视宗教生活为一种自我转化的途径。修行方法，如禅定之类，可以激发起多种意识，从而促进精神的发展。其重要性或与基督教的“祈祷”相似，尽管两者所面对的目标完全不同：举例来说，佛教徒禅定时并非在向上帝要求应许，而是在努力修炼自己的智慧和慈悲之心。

对宗教实践内在体验的强调，使得佛教与古印度的神秘传统如瑜伽互相关联。瑜伽的修炼——诸如体位以及呼吸控制等等——旨在获取控制身心的能力，以便驾驭潜能。在下一章中我们会看到佛陀本人也对这种方法有所体验。这种方法在印度并不新鲜，在世界上的其他地方亦时时可见。有迹象显示，对于基督教神秘性的兴趣也在日渐复苏。这一发展部分或与当代人对印度精神学说的兴趣有关。

叙述性和神话性

与其他宗教一样，佛教也有自己的神话和传说。在本书中，所谓“神话”并非虚妄，而是一些具有不可思议力量的本生故事，可以在各个不同层面上发挥作用。这些神话通常都有叙事性内容，如寓言含有寓意，可以作多种多样的理解和阐释。举例来说，弗洛伊德认为，杀父娶母的俄狄浦斯的神话就包含着人类性倾向和潜意识中重要而普遍的真相。有时候我们很难清楚知道，某个神话的内容到底应该按表面上来理解抑或相反。相信基督教《圣经》字面真实性的人，在阅读《创世记》中上帝创世的故事时往往视之为世界起源的事实陈述；而其他人则可能宁可相信有关世界起源的科学解释，但同时又接受这种说法：《创世记》对世界起源的阐释揭示了上帝与宇宙之间存在着内在联系的深刻道理。在《阿含经》中，早期佛教有自己的“创世神话”，还有许多所谓“佛本生”，它们讲述了一些含有寓意的佛陀本人的前生故事。一些故事中的主角是动物，跟伊索寓言没什么不同；而到故事结束时，佛陀往往会挑明自己才是前生故事中的真正主角。

许多充满戏剧性的故事片断包含在超自然的生动活泼的佛教文献里，随着岁月流逝变得日益夸张、日益精致。甚至在最早的文献资料当中神灵也经常出没其间。在佛教文学艺术作品中神灵通常都被描述为听众的一部分，现身在佛陀一生的关键时刻。有一个生动的故事讲述了恰逢证悟得道之前，佛陀如何与恶灵魔罗大战，又如何大获全胜并且驱散了魔罗的爪牙。还有一些更为世俗的传说以及故事，大都详细叙述了不同文化中佛教的发展历史，尽管其中依旧包含大量的幻想成分。

教条化和哲学性

亚洲的佛教徒在描述自己的宗教信仰时并不使用“佛教”(Buddhism)这一名词，而是称之为“法”或曰“佛陀教诲”。有些人在谈及信仰时不乐意使用“教条”(doctrine)这个字眼，觉得它有浓厚的西方宗教色彩。然而“教条”一词就我们的理解而言，不过是指一种以智慧和条理的方式系统表达的宗教性教诲和训诫，用来指称佛陀的言说并无不妥。佛教的核心教义由创始者归纳为一套互相关联的基本原理，被称作“四圣谛”。对教义进行研究、阐述和澄清显然是饱学之士的责任。在佛教中守护经文典籍并加以阐释则是僧伽的职责。但是并非所有僧人都是哲学家，在佛教传统中有些僧人认为神秘体验——通过禅定获得——较之研读经籍是一条通往证悟解脱的更加稳当的道路。尽管如此,佛教几个世纪以来倾注大量人力物力进行佛学研究,这一点从卷帙浩繁的经藏在许多亚洲语言中得以保存便可看出。至今只有一小部分经藏已经被译成西方文字,尽管经藏中最为重要的部分大多已经可以从英文和其他欧洲语言中读到。

伦理性和律法性

佛教作为世界上最具伦理性的宗教之一而得到广泛认同。佛教伦理的核心就是所谓的“不害”原则,它表明了对生命的尊重,这一点正是佛教声名远播的原因。佛教徒爱一切生命,无论人畜,认为蓄意杀生是不可饶恕之大错。这种人生态度使得许多(当然不是全部)佛教徒成为素食者并且把和平主义当作自己的生活准则。这个“不害”原则所起的积极作用还体现在僧俗四众的实际贡献上,他们修建医院、学校、庇护中心,并创立各种各样的慈善组织。

对大多数佛教徒而言，任何暴力活动都是令人厌恶的;即使为了宗教目的也是不可思议的。这并不是说佛教历史毫无瑕玷，在亚洲历史上也有过很多史实可以说明佛教曾经被利用，以达到某些政治目的或者掩饰某些军事行动。但是这些都不能与欧洲中世纪和现代早期的宗教战争相提并论。

如上所述的五个方面所涉及的大都是宗教的抽象本质。其余两个方面则具体表现在社会和物质的层面。

社会性和组织性

阿尔弗雷德·诺斯·怀特海将宗教定义为“人在孤独中的所作所为”,但宗教所包含的远远超出个人的内心体验(以这里所引用的框架而论，这一定义过于强调宗教的体验性了）。宗教信仰者通常将自己看作集体中的一个成员，认为这种态度既有政治意义也有宗教意义，如同中世纪的“基督教世界”观念一样。伊斯兰教的情形与此大抵相同，它认为宗教律法须涵盖公共和私人生活的方方面面。

佛教社会的核心就是由佛陀亲自创立的僧尼教阶制度（僧伽）。虽说僧尼教阶制度是佛教的主要社会组织制度，但是佛教并非仅为僧尼而设。佛教的早期经藏将佛教的社会基础分成“四部众”，亦即僧尼和男女居士（优婆塞和优婆夷）。这里所强调的是男女和僧俗之间的包容性和相互依赖性。佛教世界中大多数情况下存在着明确的僧俗界限，与此同时，佛教世界又竭力模糊或者消除两者之间的分隔，这一尝试在日本已经大获成功。

佛教部众宗派

几个世纪以来，佛教发展出了许多不同的部众宗派，主要的分别在于偏向保守的南传佛教（主要在斯里兰卡、缅甸和泰国等地传播）和较为敢于进行制度创新的北传佛教（主要在中亚、中国和日本等地传播）之间。南亚以上座部为主。这个教派的名称是“追随教诫”或者“追随原始教诫”的意思，尽管通常被译作“上座长老的教诫”。这一教派的信徒认定自己是守护者，守护着佛陀本人的教义。北传者则属于所谓“大乘”佛教运动，“大乘”意为普度众生的“大车”。僧众往往自认归属于两派中的某派，其情形相当于穆斯林认为自己属于逊尼派或什叶派，亦如西方基督徒常常认为自己或是新教徒或是天主教徒一样。

一种宗教的社会组织形式可以多种多样，从由个别导师领导的小组到成员数以百万计而且组织严密的大型机构。在佛教中可以发现很多序列。佛陀本来只是一位云游四方的导师，以其自身魅力吸引追随者。随着信众人数的增多，出现了由戒条律令规范的僧伽社团。但是佛陀声言自己并非社团领袖，也拒绝在临终之际指定接班人。他倒是鼓励追随者按照他的教义（“法”）和“律”来生活，使之成为“明灯（或岛屿）接引自己”（D. ii. 100）。时下各国都有各自的教会组织，唯佛教从未有过独一无二的首脑，也从未有过中央机构，这一点跟基督教的教皇制度大不相同。既然不存在中央机构，一旦对教义和修行制度出现理解上的分歧，则出现分裂自然不可避免。佛教编年史称，自佛陀圆寂之后的数百年间存在过十八个部众宗派，自此之后出现的更是不计其数。

说到社会组织，佛陀似乎倾向于在信众之间实行一种共和制度。他曾要求僧众“精诚合作亲密无间”（D. ii. 76），故此任何决定都要在意见一致的基础上作出。由于文化背景的不同，佛教的社会组织结构不会完全相同，这显示出佛教的巨大可塑性可以适应与之共处的当地文化传统。随着佛教在西方的传播，人们正在期待佛教社团应需要得到进一步发展，同时也在期待社会组织的民主形式不断发展。

物质性

宗教的第七个也是最后一个维度在很大程度上源自社会层面。物质层面所包括的内容可以使宗教精神借此具象化，例如教堂、庙宇、画像、雕塑、圣迹所在之地、朝拜圣地等等。在印度，许多跟佛陀生平有关的地方都成为朝圣的中心，诸如佛陀的诞生地、证悟得道之处以及法轮初转之地等等。在亚洲的其他地方,也有无数类似的佛教圣地具有考古学、历史学或者传奇的意义,其中包括巨型的石雕佛像,如在斯里兰卡波隆纳鲁瓦、阿富汗巴米扬和中国云冈石窟的佛像。但在亚洲,佛教最为令人注目的却是无处不在的浮屠。在东亚建筑风格的影响下,这种圆顶的纪念碑已经演化成人们常见的宝塔。

佛教的另一个非常重要的人工制品是佛教经文。佛经保存着佛陀的教诫,体现了他的智慧,所以受到普遍敬重。抄录、诵读或记忆佛经被认为是虔敬行为,将其译述为其他语言自然也是功德无量。

小结

综上所述可见,宗教现象如此复杂,没有一个词典式的定义可以一言以蔽之,更不是那种从西方宗教体验过滤出来的概念可以加以概括的。一旦把宗教看成一个具有多维度的有机体,就很容易明白——除了那些非同寻常和别具特色的地方——佛教何以能在世界宗教体系当中立足存身。回到我们原先的问题上来,我们也能明白何以不能将佛教简单定义为一种哲学、一种生活方式或者一套伦理制度等等。其实它包括了所有这些方面,有时则会突出地显现为其中的某一种形式。但这大半取决于人们的视角,以及在多大程度上忽略了其中的某些维度。某人若是想把佛教看作毫无宗教迷信成分的理性哲学,只要集中注意其教义和哲学层面就可以了。如果又有人想将其视作寻求神秘体验的途径,只要注意其体验的层面也是可以办得到的。若是有人视其为一套人性化的道德价值,也只要首先注意佛教的伦理和律法部分就够了。

我之所以提到上述这些佛教阐释，是因为一个世纪以来，西方人已经对此耳熟能详。其中的任一阐释都不能说全无根据，但仍然失之于片面，反映出当时西方社会对于宗教的认识并不充分。只如此这般将注意力放在佛教的某个侧面无异于盲人摸象，单凭部分了解就妄下结论，也就难免错误百出。

既然将佛教归入宗教，我们在下面几章的任务就是要深入探索各个维度，尤其是佛陀教诫、体验以及伦理等几个方面。但首先要了解的是佛教的创建者乔达摩·悉达多的生平事迹。

第二章

佛陀

佛陀出生在喜马拉雅山麓附近的特莱低地，在今尼泊尔境内。其族人以“释迦”自称，故此佛陀得名“释迦牟尼”，意为“释迦族的圣人”。信徒则称呼他为“薄伽梵”或者“世尊”。“佛陀”其实并非个人名字，而是“觉者”的尊称。严格说来这个称号必须在某人证悟得道之后方可使用，尽管如此，这里仍以此来称呼早年的佛陀，而他的本名其实是乔达摩·悉达多。

佛陀的生卒年份按照传统说法是公元前566年至公元前486年，近年研究则认为其卒年似应在公元前410年左右（这一时期编年史的误差当在十年之内），传统资料显示佛陀及其族人属于印度四大种姓之中的第二等级——被称为“刹帝利”的贵族武士阶级。但是没有别的迹象表明，种姓制度曾经在释迦族内广为流行。

有关佛陀的父亲“净饭王”的王者地位以及其宫廷生活如何骄奢淫逸的传言习见于后世典籍，大多为夸张虚饰之言。尽管如此，佛陀的尊贵出身和崇高地位在佛教文学艺术中是个常见主题。他的贵族身世背景——或许不如传言令我们相信的那般高贵，无疑可以帮助他在游历说法时给印度东北各诸侯国的宫廷留下良好印象。

早期经藏

佛陀的教诫都记载在卷帙浩繁的经藏之中,被称作“正典”。以口口相传的方式记忆佛经这一传统可以追溯到佛陀的年代,当时集体记诵是保存经典的常用方法。唯一保存完好的早期佛经是巴利文正典，之所以这样称呼是因为经文以巴利文记载,巴利文是跟梵文相似的地方语言,接近佛陀自己说法时的用语。巴利文正典据信在公元前1世纪中期的斯里兰卡写成,分为三部分或称“三藏”,即所谓:(一)经藏,佛之说法,又可细分为五部;(二)律藏,清规戒律的结集;(三)论藏,稍后结集而成的佛学论著。

有关佛陀的生平资料有相当部分保存在巴利文正典之中(可参考上列方框)。将散见各处的零星片断连缀成贯通流畅的长篇叙述要待佛陀圆寂五百年后方才开始。稍早时候,大约此前二三百年间,有关佛陀的生平事迹开始在各地流传,显示出人们对这位人杰的兴趣在逐年增长。叙事诗《佛所行赞》是有关佛陀生平的最为著名也最为精致的叙述，为1世纪时佛教著名文学家马鸣所撰。从此以后,早期的片断传记资料由想象的细节加以修饰,最终使得事实与传说难以分开。这些叙述激发了佛陀形象的创造,而这一现象在2世纪之前从未出现过。在此之前他的形象在艺术创作中只是以象征的方式出现，例如树木、车轮、华盖等等,或因为尊崇,或因为想要设法对他所获得的超验状态做出一个美好而感性的表达，却又很难找到别的方式。但也正是在此过程中,艺术家才开始以石材或其他材料创作佛陀形象,这些形象最终成为信众崇拜的对象。

佛陀的生平

有关佛陀生平的早期资料大抵零星琐碎。有时候讲到某个话题佛陀会回顾自己的早年经历，然后又接着说法。其中有些片断相当详尽，有些却又相当模糊；所有片断的编年顺序并非都是条理清晰的。出于这样的原因，要根据这种泛泛的资料写出一部佛陀传记远非易事。而且所谓传记，大体上也是西方文化近期的创造发明，而在古代印度，其实并不存在作为文体类型的传记。同样的困难也困扰着想撰写其他早期宗教人物（如耶稣）传记的人们，故此要想在勾画"历史上的佛陀"时取得更大成功是没什么可能的，甚至还有额外的麻烦：既然佛教徒相信"来生转世"，那么要写出完整的佛陀传记还必须包括他的前生后世！尽管不存在佛陀生平早期资料的连贯叙述，人们大体上也都同意他一生中某些关键事实的相对编年顺序。用简单几句话概括出来的事实是：他十六岁娶妻耶输陀罗，得子罗睺罗（意为"覆障"）。稍后佛陀离家出走，开始上下求索寻觅宗教智慧，时年二十九岁。大约三十五岁时他证悟得道，余生之四十五年遍游各地传播佛法，直至八十岁圆寂。佛教徒在传统上往往关注佛陀生平的某些关键事件，认为其至关重要，并通过文献、神话和仪典甚至去圣地朝圣等各种方式表示纪念。其中四个最为重要的事件即降生、证悟得道、法轮初转以及涅槃圆寂。

佛陀的降生

佛陀的降生跟耶稣基督的降生差不多一样，都有神迹相伴。后来的经文记述说，佛陀的母亲摩耶夫人夜梦白色幼象入腹因

图1 **佛陀母亲受孕**:佛陀母亲摩耶夫人梦中出现一吉祥征兆,梦到未来的佛陀以一小白象之形进入其腹中。小象乃是吉祥的象征。唐卡细部。

而结孕成胎。本页上的图片所描绘的就是这一事件。这个梦释解出来就意味着摩耶夫人即将诞下麟儿,而且待他长大成人之后,必将成为伟大的君主或者伟大的教主。按照习俗,摩耶夫人将近足月临产时便从释迦国首都迦毗罗卫前往亲戚家(应为娘家)待产。王后和随从来到蓝毗尼一处可爱的丛林时突然开始阵痛,于是扶着娑罗树站立着诞下佛陀。据说,是时诸天众神纷纷降临赞颂如此盛事，因为佛陀的降生是一桩快乐且重大的事件。地动天摇之间诸神将圣婴放在地上以神水施洗。圣婴旋即起身迈出七步，并且宣告这是他最后一次降临人世。就是这个男婴被命名为乔达摩·悉达多。悉达多意为“一切义成”（达到自己目的者）；而乔达摩则是族名，传自印度古代圣人。摩耶夫人分娩七天之后去世，因此佛陀由成为净饭王继室的姨母摩诃波阇波提抚养成人。

巴利文正典对佛陀幼年事迹语焉不详，造成的印象便是他在父王的三座宫殿内过着豪华奢侈的生活，这三座宫殿是为印度一年之中三个季节分别设置的。年轻王子锦衣玉食，终日陶醉在温柔繁华之乡，与乐师扈从相伴，得到一切满足。按理说如此境遇足以令佛陀“娇惯成性”。事实却并非如此，据说佛陀聪慧早熟、好学敏思、体贴他人，有天眼待启。

四相

宫廷生活豪华奢侈却并不充实，所以佛陀便渴望有一种更为深刻和更能满足自己精神需要的生活方式。后世流传的故事表达了佛陀的这种不满。故事中，佛陀乘辇出宫四度巡游。佛陀的父王护子心切——他担心摩耶夫人梦中所预兆的事真会应验，王子真的会出家成为教主——于是便做出安排让大街小巷来来往往的都是年轻健康、容光焕发的人，以为这样一来悉达多就不会为不愉快的景象感到心神不安了。所有老弱病残都被驱离大道，可是机缘巧合——或如后世经文所言，由于诸天众神做了手脚——佛陀迎面撞上了一位老者。佛陀见此老者如遭五雷轰顶，急令驭者回宫，在宫内苦思年老的意味。他第二次出巡遇见的是病人，第三次则是运去火化的尸体。这些体验令他产生人生无常的印象，从而明白宫墙再高也无法阻止苦难和死亡的逼近。第四次出巡他遇见一位沙门，顿时心生一念，认定应该亲自去为人类苦况寻出精神上的救助之道。当晚他便决定离开宫廷，最后望了一眼熟睡中的妻儿，转身离去，就此成为四处漂泊的沙门。

这个简单而意味深长的故事不可能完全真实。很难相信佛陀无知幼稚居然一至于此，也很难相信他对宫廷生活的反叛会如此突然。更好的解读方法或许是把它当作寓言，将宫廷生活看成自得自满和自我迷幻的产物，而将四次出巡的所见所闻看作对人生本质的领悟之始。如果佛陀活在今天，所谓"四相"比比皆是：垂垂老者、病院处处、坟茔座座都在宣示人生的短暂与脆弱，而与此同时，每座教堂、每位牧师却在证明所有类似问题都可以通过宗教寻得解决。这个寓言似乎暗示，尽管"四相"比比皆是，大多数的人——跟年轻的佛陀一样——都建造了一道精神屏障（例如宫墙），将令人不快的事实真相拒于视野之外。然而，不受欢迎的事实真相还会一次次以某种方式不请自来，例如生、老、病、死之类，根本无从回避，恰如佛陀当年乘辇出巡时所遇到的一样。

勘破红尘与厉行苦修

由于被自己的自满自得之态所震撼，佛陀断然决定弃家出走，去寻觅心灵之知。这样的决定在印度倒并非首创，沙门运动——无家行乞者的反正统文化——早在佛陀之前就已盛行。许多人早就作出同样勘破红尘的选择，佛陀只不过成为这支游历四方的思想者队伍当中的又一成员而已。

佛陀的第一位导师名叫阿罗陀迦兰，其人教授佛陀禅定功夫，可以借此体验出神入化的深刻境界。佛陀是个好学生，很快便进入而且停留在一种被称作“无所有处”的出神入化的状态之中。佛陀学得很快又很完备，阿罗陀迦兰便让他参加沙门团体的领导工作。佛陀拒绝了，因为尽管这种体验令人觉得安详和愉悦，却并非他所追求的根本救治之道。人们终会退出这种状态返回到理智清醒之时，这样就又会面对与生俱来无法解决的根本问题，也就是所谓生、老、病、死。

佛陀继续他的追寻并且师从另一位名叫郁陀迦罗摩子的沙门。郁陀迦教会佛陀一种更为精妙的技术，可以使修炼者进入“非想非非想处”。这是意识的更高境界，身处其间意识本身也几乎消失于无形。郁陀迦对他这位学生恋恋不舍，居然主动要求当他的信徒。佛陀又拒绝了，觉得这种进入意识神秘境界的能力固然不错，固然有价值，却毕竟不是自己所追求的目标。

在完成这些禅定实验之后，佛陀便把注意力转向其他方面，其中包括极端苦修，目的是尽量压抑食、色二欲。佛陀起初练习呼吸控制，设法令呼吸逐渐深慢细长。没想到此举非但没有令他产生心灵之知，反倒令他头痛不已。放弃练习之后，佛陀又去尝试另一种技巧，即所谓“辟谷之法”，努力将食量减至一天只吃一匙豆汤。不久他变得形容枯槁，几乎不能直坐，甚至须发皆落。佛陀从此明白这种形式的自我克制实在也难以修成正果，于是便又放弃了。但他的这些努力并未完全白费，因为经验告诉他任何种类的极端做法其实都于事无补。他早年的放纵生活固然不能令人满意，而六年苦修实验何尝不是如此。他开始明白最有成效的途径应该是这些极端方法的“中道”。因此最恰当的生活方式须是中庸的：既不禁欲，也不纵欲。

证悟

根据这一原则，佛陀再度开始进食，同时重新修习禅定。他从此精进非常。直至一个夜晚，他坐在一棵后来被称作菩提树的大树底下，获得了他一直在追寻的大彻大悟。当夜一更时分，佛陀能够看透自己的前世生活，可以清晰记忆一切细节；到了二更他便天眼洞开，可以清楚见证天地间一切众生依据各自的善恶行为历历不爽的生死轮回；三更时分，他终于明白自己的精神污染消失殆尽，一切欲念和无知连根拔去。他已经“完成一切应做之事”——获得涅槃，终止轮回，正如他降生时的预言所说的一样。

佛陀证悟之处名为“菩提伽耶”，佛陀留在那里七个星期筹划自己的未来。他考虑自己是否应当成为一位宗师，却因为担心教义太过深奥无法向众生传达而踌躇。一时之间他倾向于过一种离群索居和自得其乐的生活。但是受到诸天众神（佛教之中，诸神类似基督教之天使）之一的召唤，佛陀为其慈悲之心所驱动，决定向世界宣示教义——“法”。凭着天眼，佛陀看到自己先前的两位师尊已经去世，便动身去恒河边上的波罗奈。他知道在那里可以找到五个先前的侍从，他们曾经因他放弃苦修而离开了他。

法轮初转和说法生涯

佛陀来到波罗奈附近的鹿野苑，这几位先前的侍从稍稍犹豫之后欢迎了他的到来，他们很快便认识到在他身上发生的变化。佛陀称呼自己为“如来”（得其所得是其所是），然后便开始他的第一次说法，这是佛教史上的重大事件。初次说法的内容

图2 **佛陀证悟得道**：描绘佛陀证悟之后高踞莲座。他以右手触地，要大地见证他的觉悟。发现于西藏西部，11到12世纪。

被载入经文之中,称作《转法轮经》。经文包括了被归纳为"四圣谛"的佛法精义,我们将在第四章中对此作详细讨论。轮子在佛教中是一个重要象征,经常被用来表示"法"。"初次说法"这一事件是法轮常转的原动力。随着佛法远播,遍及全亚洲,法轮不停前转。

初次说法的听众之中,有一人立获妙悟成为"涉足入河者",亦即获得初步领悟的人。随着佛陀继续说法,其余四人也都进入此境。于是立即举行简单仪式,五人作为佛陀门徒从此成为"比丘"。听到佛陀的二次说法之后,五比丘证悟得道。他们与其他一些获得此境的人一起被称作阿罗汉(圣人)而不是"佛陀",因为佛陀这个称呼专指发现证悟之道者,而非由他人指引获得证悟者。

教义传播得很快,不久便有很多人明心见性。据早期经籍所言,佛陀指令六十位阿罗汉组成教团普度点化众生。五年之后比丘教阶已经形成,佛陀也只好同意相应建立比丘尼的教阶制度。尽管开始时佛陀并不情愿——隐修制度本身就是新生事物,比丘尼教阶则更是史无前例——可最终还是同意了。比丘尼教阶不像比丘教阶那样流行。今人所谓的"僧伽"则特指比丘教阶。

佛陀后半生的生活情形缺少详尽的传记资料。但有一点很清楚,他的时间都花在徒步遍游印度东北了,他挨村挨镇地向不同宗教、不同社会地位、不同经济背景的听众宣讲佛法。足迹所至地区差不多有方圆一百五十英里乘二百五十英里,略小于爱尔兰而与美国宾夕法尼亚州相近。据说佛陀无论说法、答疑、争论,都能征服各行各业的听众。他神态自若,安详大度。经籍中屡屡提及的无数皈依者见证了其思辨力量和个人魅力。他还

图3 **法轮初转**：佛陀结成轮式手印，象征首次说法，故以“法轮初转”著称于世。底座中部可见法轮，两侧的鹿象征波罗奈附近初次说法之地“鹿野苑”。鹿野苑考古博物馆，笈多时代。

偶尔被描绘成活生生的奇迹,具备了通过修习禅定而发展出来的神通。随着他的声名大噪,信徒日增,还出现了一些居留地,好让僧人在一年中的多雨季节不便外出时安居。这些居留场所通常由国王或者富裕的施主捐赠,日后逐渐形成永久的精舍(寺庙)。

佛陀圆寂

《大般涅槃经》讲述了佛陀生平最后几个月中发生的事情。当时佛陀年届八十,体力渐衰,却仍然像平时一样靠着意志力勉强撑持,继续步行传道说法。此时此刻产生了一个事关未来的重要问题需要解决。他是否应该指定一个继位者,以便在他过世后继续领导这个僧团?在和堂弟兼忠心耿耿的侍从阿难交谈时,佛陀表示并不需要选定继位者,因为他本人也从没有自认为是僧团的"领袖"。在他去后,僧人应该依"法"行事,持律谨严。他还建议说,每位僧人都必须各自细思教条,对照经文,加以印证,然后决定是否遵从。正因为如此,佛教从未有过统一而权威的经藏传世,也没有机构或组织负责发放统一的经律。

佛陀圆寂之地是个小城,名为拘尸那迦。他右侧偃卧在两株娑罗树之间,据经文经记载,当时两树反季节地繁花似锦。尽管经常有传言说佛陀是吃了俗家信徒布施的肉食,死于食物中毒,但据《大般涅槃经》所言,此次不适很快便康复了,实际死期是在此之后的某个日子,明显是自然死亡。佛陀嘱咐说入灭之后遗体应该火化,可以按照君主驾崩的办法处置,将骨灰存入坛中安放在浮屠里,这个地方可以用作布施奉献之地。弥留之际,佛陀召唤所有僧众齐集身边,给他们机会询问最后的问题,却不见有问题提出，表明他的所有说法都已经阐释清楚，僧众也都理解了。于是佛陀最后说道："一切诸法悉无常，自到解脱处。"佛陀这时凝神止息入静，历经禅那诸境直至涅槃。

第三章

业与轮回

根据经文记载，佛陀证悟的当夜就获得了通晓记忆前生事迹的能力。据说他所能记忆的不仅仅是一世两世而且是千世万世的所有细节，包括每一世所叫的名字、所属的种姓阶级以及所从事的职业。佛陀还在别的地方说起他能记住“九十一劫”（M. i. 483），每一“劫”略等于银河的寿数。尽管佛教的教义坚持认为转生再世无始无终，谁也说不清楚，但有一点是明确的，即转生再世的次数近乎无限。这一不断转生再世的过程称作“轮回”或“无休止轮转”，暗示生命像河水一样不断流动。所有生物都只是这个轮回运动的一个环节，周而复始直至获得涅槃。

投胎转世说并非由佛教开始，早在佛陀之前好几个世纪就已经在印度流行了。此说亦为诸多文化所共有，也曾经在古代西方广泛流传；直到6世纪前后，才被认为与基督教教义不相符合而渐渐淡出。但印度文化对转生再世的构想最具特色，因为与业的观念相联系，印度人认为转世来生由此生此世的所作所为所决定。业对于佛教思想至关重要，为了进一步了解这个概念，首先应该弄清一连串有关宇宙和时间的概念。

佛家的宇宙

佛家将宇宙一分为二：一为物界，就好像容器一样；一为居于物界的"众生"或者生命形式。物界在地、水、火、风和空等五种元素的相互作用下形成。其中最后一种被认为是无穷无尽的，在印度思想传统当中，它并不是其余四种元素的空缺，而是一种自成一体的元素。这五大元素交互作用，演化出千变万化的"世界体系"（近乎现代概念中的银河系），遍布东、南、西、北、上、下六方。

这些世界体系据说千百亿万年来经历着盛衰演变。它们经历了开始、延续和渐次分解，然后在大的灾难之中灰飞烟灭。接着它们又再度循序演化成为无比巨大的周天，称作"大劫"。居住在物界的万千生灵自然会受到这些变化的影响；事实上同样有迹象表明，这些居住者的精神生活又会直接影响世界体系的

"生死之轮"或曰"六道轮回"

前途。例如愚昧自私者的世界较之明智仁善者的世界，它的毁灭速度无疑会加快。这一见解似乎是将众生看成不仅仅是环境的守护者，某种意义上更是环境的创造者。这就表明对于生态学来说，佛教思想当有大用。

已经非常清楚的一点是，佛家宇宙观念在各个重要方面都与西方宗教观念大不相同。在《圣经·创世记》里，创世被描绘成一个独一无二的事件，而且《圣经》中教导说这个世界会在最后审判日终结。在这两件大事之间，一扇时间之窗短暂却又久远地打开了，中间上演着一幕独一无二的话剧——关于堕落和救赎。正是这出话剧构成了"历史"，而且被视为线性的、总体向前的事件序列。在这出话剧（其世俗版本则以"进步"来代替"救赎"）里，人事永远占据着中央舞台。最清楚体现出这一特点的莫过于在前哥白尼的西方宇宙观念之中，地球被放置在宇宙中心。但在印度文化传统看来，这幅世界图景是以人类为中心而又狭隘的。地球远非众星环绕的宇宙中心，人类也不是这个舞台上的唯一演员。再说时间也不是线性的，而是周而复始的：历史并无总体方向或者明确目的，任何事件的相同模式也会无数次地再现。

在《阿含经》里可以找到的佛教创世神话，与基督教《圣经·创世记》里所讲述的相当不同。它描述的是已经毁灭了的世界体系中的居民如何逐渐转世再生到正在演化的新世界当中。这些人的身躯最初是半透明的，亦无明显的男女性征。随着构造新世界的物质成分逐渐变得稠密，这些精灵状的生灵开始吸附其上并以其为食。慢慢地，他们的躯壳不再轻飘，直至生长成为像我们一样的肉身。争食往往引起争端，于是人们选出君主以便维持和平，这一事件标志着社会生活的开始。这个神话虽说更像是对人类社会生活的嘲讽而不仅仅是对创世的解释，却依然提供了一个与《创世记》有可比性的有趣对照：犹太教和基督教传统将人的堕落归因于人的骄傲以及不服从，可是佛教则在人的欲念之中找到了人类苦难的根源。

六道轮回

在世界体系的内部，有着形形色色的轮回之“道”。早期经籍列出的只是五道，稍后又增加了一道——阿修罗道——由此构成六道，本书即持此说。六道轮回是佛教艺术的常见主题，也经常被描绘成所谓“生死之轮”，如28页图表所示。中线以下的三道多被视为不幸。在某种意义上来，这种安排有如传统基督教地狱、炼狱、人间和天堂模式的扩大版，其不同之处只在于，人可以反复在道与道之间出出入入。顶上的“天”在后来（5世纪后）的经籍中，又被分成二十六层或“处所”，加上原先的五道，合共就有三十一个可能前往的轮回转生之地。

想象这种安排的最简单的办法就是把它当成一座三十一层的办公大楼。最底层的是地狱——那些在前生犯下罪孽的生灵就在这里苦受煎熬。他们在这里所受的酷刑——例如下油锅或者车裂之类——经常成为大众艺术的生动题材。佛教的地狱（严格说应该是诸地狱，因为不止一个）与基督教的地狱似有两方面的不同。第一方面的不同是，它并非最后审判之地，故此似乎更像基督教的炼狱，一个灵魂暂时寄居等待脱离的场所。脱离的实现须待那个将生灵送入地狱的恶业消灭之时。第二方面的不同是，佛教地狱包括火热和寒冰二类，而后者之中的苦状源于冰冻而不是热火煎熬。

地狱之上是所谓畜生道。没人希望投胎为畜生的理由是显

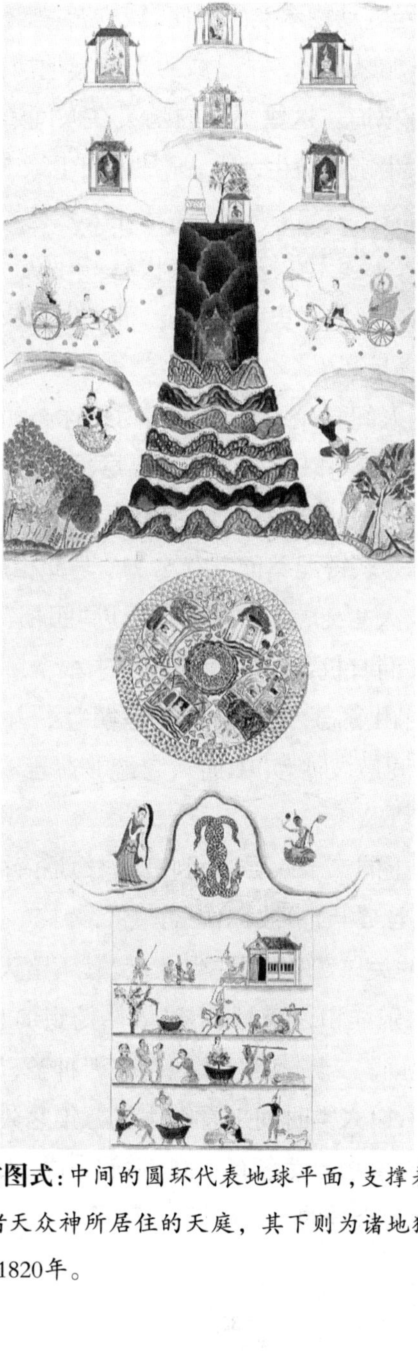

图4 **佛家宇宙图式**：中间的圆环代表地球平面，支撑着形状各异的四大洲。其上为诸天众神所居住的天庭，其下则为诸地狱以及各个受苦之地。泰国，约1820年。

而易见的。畜生受到动物本能的驱使，缺少智慧，不能了解自身的处境也就无从加以改善，于是成为人和其他捕食者的猎物。畜生道之上是饿鬼道。这些不幸的幽灵在人间道边缘盘旋辗转、若隐若现。大半饿鬼前生为人，只是因为尘缘未了而苦苦纠缠。他们为永无餍足的欲望所苦，经常在大众艺术中被描绘成嘴小胃大的阴魂，永远无法摆脱饥饿状态。第四层是阿修罗道，这里有一群恶魔一般的好勇斗狠之徒，他们渴望权力并热衷征服，却从来不会满足。

第五层便是人间。投胎转世为人固然称心如意却又很难成事。投胎转世尽管可以前往许多更高层次，却可能成为精进的障碍。转生天国成为诸神之一，很容易令生灵沾沾自喜，甚至失去目标不再为获得涅槃而继续努力。与此相反，若投生在世就会不断念及人生无常（譬如佛陀所见“四相”，如老、如病等等），于是乎反而有机会为人生问题寻求根本解决之道。人有推断能力和自由意志，更可以借此理解“法”并且实践佛陀的教诫。因此人间道被视为“中道”，它能够在苦乐之间保持适当平衡。

这座建筑顶上的二十六层（六到三十一）是诸神的居所。上部五天（二十三至二十七）被称作“净土”，为修“不还果”者所居，他们在证悟的关口，不必再往生人世。其下诸天众神凭借自己的善行得享欢乐祥和之境，只不过依然受到羯磨辖制，须与其他生灵继续轮回。二十七层之上愈趋庄严神圣，每上一级，诸神寿数都会增加，以人类时间来看则达亿万年之久。但时间概念原本相对，不同事物自然各有不同；举例来说，人的一生其实只相当于底层诸天众神的一天而已。

三界

六道和三十一天的观念与三界观念大体重叠。底层即为“欲界”，包括直至人间道上第六天的所有层级。其次就是“色界”，这是经过升华的精神状态，诸神身居其间，以心灵感应相沟通。此界延伸至二十七天。至高无上的境界则是“无色界”，这是几乎无可言说和无从描绘的崇高境界，无形无状的诸神众生

诸天		禅定诸境	
31	非想非非想处	8	无色界
30	无所有处	7	
29	识无边处	6	
28	空无边处	5	
27 · · · · · 12	高位神	4 3 2 1	色界
11 · 6	低位神		欲界
5	人间道		
4	阿修罗道		
3	饿鬼道		
2	畜生道		
1	地狱		

佛家宇宙图表，表中显示了三十一天、三界和八禅。

只以纯灵状态存在。

在四无色天居住的诸神由浅入深地学习观象四法：最初（二十八天处）为“空无边处”；其次（二十九天处）为“识无边处”；三（三十天处）为“无所有处”，意为此境之中精微绝伦，迹近于无；到了最后就连“无所”之思虑也都摒弃在外，遂可抵达至高境界，谓之“非想非非想处”（三十一天）。在这个至高境界中任何人都可重生转世。若此二境听来耳熟，则是因为如此二境正是佛陀当年在两位老师指导下修习禅定时曾经达到的境界。佛陀靠修习禅定达到了相应“频率”而得以进入此二境。由此可见，佛家宇宙观念和其禅定理论相吻合。

业

在如上所述的宇宙论里面，业的作用相当于一部升降机，把人从这座宇宙大厦的一层载去另一层。善行的结果是上升，而恶行的结果自然就是下降。业倒并不是一个由上帝斟酌权衡的奖惩系统，而是一种类似于万有引力的自然律。故此任何人都是自己运道的唯一责任人。在平常使用这个概念的时候，业常常被简单地视作发生在人身上的好事和坏事，多少有点像所谓的好运和坏运。梵语“羯磨”本义“作为”、“作业”或者“业”，而作为宗教概念则不仅仅指任何作业，还特指某种“作业或作为”，即所谓道德行为。佛陀曾经把业定义为道德选择以及由此而来的结果。他这样说：“诸比丘！我说思是业；思已，以身、语、意造业”（A. iii. 415）。道德与其他作为的不同之处在于它具有及物和不及物的影响。所谓及物影响是指道德直接作用于它者，例如杀戮或盗窃令他人失去生命或财物。所谓不及物影响则是指道德反作用于作业者自身。根据佛教所说，人具有自由意志，而行使自由意志便须自决。在现实意义上，个体通过自己的道德选择确实创造了自己。通过自由而反复地选择某类事物，个体塑造了自己的性格特征；通过自己的性格特征又塑造了自己的前途和未来。如谚所云：“做一事成一习，以一习成一性，以一性成一命。”

佛家将这一过程解释为“行”，这一术语很难理解，通常译作“心理构成”。所谓行就是指思的产生和思对所作所为产生影响时所形成的性格特点以及性情气质。这一过程类似于陶艺师把陶土打模成型的工作：柔软的陶土正类似于人的性格，但凡作出任何道德选择，实际上就是把自己掌握在手中，塑造性格的好坏。不难看出，在一生中，某种作为得到某种结果这种情形是何等公平。很多伟大的文学作品都曾经揭示出命运并非机缘巧合，性格缺陷会导致悲剧事件接二连三地发生。业的远期效果称为“异熟”或“果报”，正如农事耕作：善恶诸行如同播下种子，等待来年收获。奥赛罗的嫉妒成性、麦克白的权欲熏心以及哈姆雷特的迟疑不决等等，在佛家看来同样都是行，每出戏里的悲剧结局便是这些选择不可避免的“果报”，而这些选择又是由人物的性格气质决定的。

并非所有作为都会产生现世果报。积聚而未受报的业延及来生，直至无穷后世。佛教徒对业报究竟如何发生的见解也各有不同。有人把善行看作蓄电池充电，如此则可将业力积存起来留待后世。一个人来生的某些关键方面据说是由业决定的。其中包括投胎于何等人家，处于何等社会地位，具有何等容颜外貌，以及具有何种性格特点等等，因为这些方面都是由前生带来的。有些佛教徒持宿命观，认为任何幸运和不幸其实都根源于所作之业。但是业的观念并不断言一切事情皆由业力前定。人生中的许多事情诸如抽签中奖或者跌断腿之类往往只是意外。业并不精确判断何事将会发生，以及对所发生的一切当如何应对。任何个体都可以自由地抵制前定条件和自由地创建新的行为模式：这的确是成为佛教徒的关键。

那么，到底是什么令行为或善或恶？从上述佛陀给出的定义来看，大体是根据人的意向和选择。人的心理动机在佛家看来即所谓"根"，据闻有三善根和三不善根。由贪婪、憎恨、欲念等等激发出来的作业谓之"不善"，反之，如无执、慈悲、慧解等等激发出来的则谓之"善"。但要在证悟得道之路上取得进展也并非单凭良好意愿就可以，有时候好心也会办成坏事。因此好心必须在正确的行为中得到体现。正确行为的基本含义就是既不害人也不害己。不能满足这些要求的行为在许多佛经教诫当中都被严厉禁止。有关这个话题的进一步讨论将在讨论佛教伦理时进行。

功德

业可善可恶。佛教徒称善业为功德；要花大力气来求取。有人把它想象为一种精神资本，就像存放在银行里的钱一样，信用一旦建立就可以用来满足来生转世的需要。对俗众而言积聚功德的最佳途径就是善待和供养僧众，可以布施饭菜和衣物给过往僧侣，或者听讲佛经、参加法事、捐助寺庙的兴建和维修等等，甚至连祝贺和分享其他施主的善行亦可增加自己的功德。有些佛教徒计较功德积聚本身，极端到带着功德簿去记下每一笔业以求"收支相抵"。这歪曲了行善本义，功德只是善行的副产品。为了获得功德而行善其实只是自私的行为，并不能因此获取功德。

许多佛教文化传统相信功德就像财富一样,可以转让也可以与他人分享。奉献善业可得福报。某人本身积存的善业和钱货不同,不会因此耗尽,相反会由于慷慨大度而日益增加。施舍越多,受惠也越多。这类观念到底有多少经典上的根据,这一点颇可置疑,不过分享功德确实有益于业力,因为慷慨分享可以帮助慈爱宽宏性格的形成。

西方人的一种看法

西方人经常觉得业和投胎转世之类的观念令人困惑不解。在某种程度上这可以归因于不同文化关于时间与历史问题的成见,这一点上文已经提及。对于视时间为周而复始的文化来说,轮回观念显得很自然。然而人若可以转生,也许有人会问,何以很少有人能记起自己的前生故事?有种解释认为或是文化范畴决定了个体体验。因为缺少一种对轮回的信仰体系,所以对前生故事的记忆就会变得无法辨识,甚至不被承认。人们因而不愿意诉说,以免让人讥笑。或许有孩子曾经讲述这种前生记忆,可惜通常都会被教师、家长忽略,认为只是胡思乱想的产物。亦有个体宣称可以回忆前生,此类证据日渐增加,当中大多却无法解释,除非这些记忆都是可信赖的。况且这种资料收集工作很少有人做,即使在接受轮回观念的文化中也是如此。佛教徒可能给出如下解释:死亡和再生会在心灵的高级阶段消除有关记忆,而要重拾这些记忆只有通过另类意识状态,例如禅定或者催眠等等。

关于再生的另一个常见问题是:“如果人都可以转生,为什么人口并没有增加得更快?” 这个问题又是来自以人类为中心的假说。人间只是轮回六道之一,凡生灵皆可转世为六道之中任何一道，生生不息，永无终结。某些佛教宗派尤其是在西藏的宗派，相信存在着中阴状态，即两生之间的缓冲带，人死之后四十九天内魂魄徘徊其间直至转生。在此期间，魂魄得以瞥见六道轮回，然后方被最符合他本身业力的一道所吸引——就如同被磁力吸引一样。但在其他教派看来，转生却是即时的，紧接着死亡的就是孕育新生。

要成为一个佛教徒是否一定得相信六道轮回和天堂、地狱的存在？并不一定。大多数佛教徒确实接受传统教义，但有可能对其进行多种形式的再次解释，例如将其看作存在的其他维度、并列的诸多宇宙体系，或者干脆就是意识的不同状态。"佛教现代主义"（有关这个问题我会在最后一章中进一步讨论）的倡导者往往否认传统解释中许多的中世纪成分，而代之以更为现代的看法。甚至完全否认轮回转生观点的人也可能成为佛教徒，尽管这样一来，佛教可能会被视为某种科学化的人文主义了。相信人死之后仍然以某种形式继续存在，这对大多数佛教思想传统来说，是一个最为基本的要求。

那么佛教的目的是不是助人往生到一个较好的环境中去呢？尽管实践中许多佛教徒——无论在家还是出家——都在渴求实现这个目标，但重生却并非佛家所追求的能够脱离苦海的终极目标。佛陀不满意通过师父教授的禅定方法而获得的片刻欢乐，就连诸神享受的崇高存在也只不过是这一体验的延长而已。或迟或早，得以往生天国的善业会循序轮回，而诸神也会死去然后再生。业力有限，最终也会消散，就像轨道上渐行渐远的飞船。

解脱苦难的方法并非投胎转世（轮回）——只有涅槃才是最后的解脱之途。

第四章

四圣谛

佛教的终极目标是结束苦难和轮回转生。佛陀曾经这样说过:“过去和现在我所表述的都只是苦难以及苦难的终结。”尽管这一表述相当负面,其目标倒是积极的,因为灭苦的途径就是发掘出人行善积德的潜力。某人若能获得这种自我实现的至境,则被视作修得涅槃。涅槃是佛教的至善之境,亦即最后和至高的善。它既是一种观念也是一种体验。作为观念,它给出了一种功德圆满的独特境界以及理想人生的轮廓。作为体验,它于时间流逝之中体现在追求涅槃者的身上。

人们为何渴求涅槃应该很清楚了,但人们又如何获得涅槃呢?前几章的讨论已经部分作答。众所周知,佛教高度评价道德生活;故此,道德生活成为一个前提。然而有些学者拒绝这个看法。他们认为通过善行积累功德会阻碍涅槃。他们指出,善行产生业,进而会把人紧紧拴在轮回之轮上面。既然如此,他们推论说,要获得涅槃就必须超越业以及所有其他伦理方面的考量。这一观点存在两个方面的问题。首先是要解释清楚,既然道德行为可能阻碍涅槃,何以佛教经典依然不断倡导善行?其次是要解释,为什么证悟得道者(如佛陀)可以继续过着堪称典范的道德生活。

解决这些问题的一个办法存在于这样一种看法之中:所谓道德生活只是涅槃所代表的人的完美状态的一部分。这样一来,既然善只是这种理想状态的必要成分,那么也就意味着它本身并不完整,需要由另外的东西加以补足。所需要的另一成分就是智(般若)。佛学中所谓"智"是指对生存境况的一种深刻而哲理性的认知。它要求对事物本质有深思熟虑之后的洞察。它是一种真知,或曰对真理的直接感悟。这种感悟与时俱进,最终在佛陀体验过的大彻大悟中达到圆融完满的境界。

如此说来,所谓涅槃就是善与智的融合。两者的关系若用哲学语言表达出来,就是"善"、"智"二者各自都是涅槃的"必要"条件而非"充分"条件。只有两者俱备,涅槃所需要的必要条件和充分条件才能得到满足。早期经籍将此二者比作左右两手,可以互相洗涤净化;它清楚地表明,人若是缺少其中任何一个方面都是既不完整也不充实的(D. i. 124)。

已知智是德的必要对应,那么什么东西才是意图明心见性者所必须了解的呢?必须了解的主要是佛陀证悟之夜所悟出并在波罗奈鹿野苑初转法轮时所讲述的内容。这次说法所包括的就是互相关联的四圣谛,它们声称:(一)一切皆苦;(二)苦起因于欲望;(三)一切苦皆可得到解脱;(四)存在着一条解脱苦难的途径。有时我们会用一个医学上的比喻来描述四者之间的关系:佛陀被比作一位医生,有药方来诊治人生之苦病。首先他会判断病名,次则解释病因,然后断言此疾可治,最后着手进行治疗。

美国心理医生M.斯科特·佩克的畅销书《人迹罕至的道路》开头第一句就是"生即苦"。他所说的其实就是四圣谛中的第一条,他接着说道:"这是一条伟大真理,是最伟大的真理之一。"这条在佛家说来即"苦谛"的真理是佛教教义的基础。所谓苦

一、苦谛

诸比丘众，何谓苦谛?生苦，病苦，老苦，死苦。忧悲恼苦。怨憎会苦。恩爱别离苦，所欲不得苦。取要言之，五阴盛苦。

谛，就是苦乃人生本质，将人生境况视作一种“不易之病”。它提到形形色色的苦况：始于身体或生理的苦，例如生、老、病、死等等。这些都和身体痛苦有关，而与此同时，更为深层的问题是，生、老、病、死世世代代都无可逃避，这些现象既关乎自己也关乎自己所爱的人。面对这些现实，个人完全无能为力，医学再怎么进步，既为肉身，也就无法逃避病害和灾祸的侵袭。除了身体上的苦痛之外，苦谛的范围还包括了情感上和心理上的苦恼，例如“伤心、哀愁、悲痛、绝望”。这些问题较之身体痛苦往往更难对付。很少有人不曾伤愁和哀痛过；有很多令人心力交瘁的情形，例如慢性抑郁等，几乎很难完全康复。

除了这些显而易见的苦况之外，苦谛说还包括了一种更为微妙的苦，即“存在”之苦，亦即八苦之中的“求不得苦”。这里所构想的苦是挫败、失望和幻想破灭等等人生不顺之境，以及事物并不按照人的意愿发展等等。佛陀并不是病态的悲观论者；从作为年轻王子的体验之中，他当然知道人生尽可以有许多欢乐时刻。问题只在于好时光很难长久，迟早都会消失，人甚至还会对曾经生动有趣和充满希望的一切都意兴阑珊。在这种背景下，苦具有更抽象和更广泛的含义：人生即使不痛苦也不会令人心满意足，不会永远充实坦然。在这样和那样的境况下，“不满足”较之“受难”似乎更能表达出“苦”的真义。

在这一表述的末尾处，苦谛说提出了一种基本解释来说明为什么人生永远不能得到最终的满足。“五阴盛苦”是佛陀在第二次说法时所宣示的(Vin. i. 13),其基本内容是将人的本质一分为五,即色、受、想、行、识。此处不必分别细说“五阴”[①],因为对我们来说更重要的不是知道其中包括些什么,而是要知道什么不包括在里面。具体说来，此一教诫之中并未提及灵魂或“我”,传统认为这才是永恒不灭的精神本质。以此为出发点,佛陀使自己与正统印度宗教传统即婆罗门教划清了界限。婆罗门教宣称每个人都有一个小宇宙内在的灵魂,或是形而上的绝对本体梵的一部分,或与其一般无异。

佛陀声言,无论是小宇宙内在的灵魂还是其在宇宙中的对应物——梵,他都无法找到存在的证据。倒是他的方法既实用又符合人生体验,更近于心理学而非神学。他解释人性由五阴组成时所用的方法,就和将之比作汽车差不多:汽车包括车轮、传动装置、引擎、方向盘、底盘等等。当然,与科学方法不同,佛陀相信人的道德本体——我们通常称之为个体“精神上的DNA”——可以经历死亡而又重生。但是既然“五阴盛苦”,佛陀便指出人性不能为永恒幸福提供一个更为坚实的基础,因为“五阴说”显示出个体并不具备真正的核心。正因为人是由这五种变化无常的成分所构成,所以或迟或早,人会与“苦”相遇,正如一辆汽车行驶日久,终究会磨损和抛锚一样。“苦”就是如此这般地植根于我们生活的每个细节之中。

苦谛说的部分内容来自佛陀对“四相”中三相——也就是老人、病人以及尸体——的所见所闻,他从此意识到人生难免各种各样的苦难和不幸。许多接触过佛教的人都认为这种对人

① 五阴是一切有为法的概括。狭义即人，广义则为一切物质界和精神界的总和，因此是佛学研究的基本对象。对五阴的不同解释成为佛教宗派确立各自思想体系的重要根据。

生境况的判断相当悲观。佛陀对此回答道，其教义既不悲观也不乐观，而是实事求是，只不过是以客观态度反映事实。如果这种反映看上去显得比较悲观，也只是因为人们惯于粉饰，不敢正视不愉快的事实真相。无疑这就是把握佛陀苦谛之说何以如此困难的原因。这就好像是要人承认某些不愿承认之事，比如自己身罹恶疾，但必须先确诊病况，否则难有机会得到疗救。

二、集谛

诸比丘众，此即集谛。谓一切三界烦恼及业，皆名“集谛”。三界者，即所谓一、欲界；二、色界；三、无色界。

既知人生即苦，却问苦从何来？四圣谛之二——“集谛”——解释道，苦来自欲求或“渴望”。欲求之于苦犹如木之于火：在《火诫》的经文（S. iv. 19）中，佛陀讲述了所有人生体验皆如欲“焰”腾炽。火之于欲，实在是个恰当的比喻，因为燃料愈多，燃烧便愈炽烈，永无餍足。一旦势成燎原，火舌到处，一切皆遭焚毁，炽烈之状正如欲火中烧的苦况。

欲求导致轮回，欲求是对生命的沉溺以及由此带来的愉快体验。如果五阴像一部汽车，则欲求就如同燃料一样可以驱使汽车向前。尽管轮回转生通常被认为发生在此生与彼生之间，但其实它无时无刻不在发生：据说每个人都在经历分分秒秒的再生，随着五阴在渴求愉悦体验的推动下不断互相作用和变化。从此生到彼生的延续，几乎就是欲求累积能量的结果。

集谛说表明欲求或渴望主要表现为三种形式：其一是渴望感官愉悦，往往通过五官感觉如味、触、香、色、声的获得来寻求满足。其次则是求生欲，指的是一种深刻的求生和求得存在的本能，这种意志可以驱使我们去追求新生活和新体验。欲求的第三种表现形式并不是想占有而是意图毁灭。这是欲求的阴暗面，针对一切不愉快和不受欢迎的东西，表现为否认、否定以及拒绝的冲动。破坏欲也会导致自我否定以及自我放弃的行为。缺乏自尊和消极的自我评价，例如说“我真没用”、“我真失败”等等，就是这种态度的表现，其极端形式可以导致肉体上的自我伤害，例如自杀。佛教最终放弃的苦修行为亦可被视作这种自我否定倾向的表达方式。

如此说来，是否意味着所有欲求都是错误的？在做出这个结论之前，我们必须小心谨慎。尽管常以“desire”来译“taṇhā”，但其实英文“desire”的词义宽泛得多；“taṇhā”则狭义得多。言下之义就是“desire”经常被滥用和误用。“taṇhā”的目标通常是感官刺激和愉悦快乐。但也并非所有欲求都可归入此类，因此佛教经典在较积极的意义上提及欲求时，通常使用“chanda”。为人为己的积极目标（如涅槃）、希望别人幸福快乐、祝愿世界更加美好等等，凡此种种，都是积极、全面又不同于“taṇhā”的“欲求”。

恶念是一种羁绊和束缚，正念则带来增益和解脱。或可以吸烟为例说明两者区别。顶火吸烟的人一支未完又觊觎另一支的欲求可谓之“taṇhā”，因其目标不外乎得到短期满足。这种欲求是不由自主的、限制性的，而且是没完没了的：其唯一指向就是另一支香烟（以及其副作用，即健康受损）。可是另一方面，此人想戒烟的欲求则属于善念，因为可以打破这种没完没了而且不由自主的恶习模式，同时可以增进健康以及过上良好的生活。

集谛之中“taṇhā”相当于上文已经提及的“三不善根”，亦即贪、瞋、痴“三毒”。在佛教艺术中分别以雄鸡、豕以及口尾相衔的蛇（盘踞在第三章所示“生命之轮”的中央）来表示。既然欲求只能引起欲求，轮回之轮也就转了又转，众生一次次轮回转生。对这种现象进行详尽阐释的教义称作“缘起”。此说解释了欲求和无知如何引起转生而有十二境界。在讨论十二因缘说之前，当务之急是掌握缘起说的重要原则，这个原则不仅关乎人的心理，而且关乎整个存在实相。

缘起说大体可以归纳为这样一个断言，即有果必有因：换言之，任何事物得以存在，必依赖与别样事物（或连串事物）的关联。以此观之，则一切现象无不可被视作一系列原因的一环，故此没有任何事物可以单独存在或者只为自己而存在。茫茫宇宙并非一大堆或多或少一成不变事物的集合，而是一张互为因果的动态网络。尤其是，个体尚且可以被分解为五阴，一切现象自然也都可以彻底分析，直至其间并无任何东西可称之为“本质”。因此所有事物都具有如下三个特征或“印记”：有漏皆苦、诸行无常以及诸法无我。有漏皆苦是因为诸行无常（即不稳定和不可靠），诸行无常是因为缺少可以独立于宇宙的因果过程的“自性”。

由此可见，佛家宇宙观念的基本特征是周而复始的变化：以心理层面而言，是欲求与满足之间无穷无尽的过程；在个体生存的层面上，则是生死轮回；到了宇宙的层面，又有星云的创造和毁灭。其根本原则便是所谓缘起。此说在后世佛教中发展得十分深入。

三、灭谛

诸比丘众，此即灭谛。诸感及业，悉令无余断弃，吐尽，离欲，灭没，寂静。

四圣谛之三即灭谛。灭谛宣称,欲求一旦清除,苦难必将终止,涅槃亦可获得。从佛陀生平故事之中得到的启发是,所谓涅槃有两种形式:其一生时,其次死后。佛陀三十五岁那年坐在菩提树下获得“此生涅槃”。到八十岁时,他最终往生“无住涅槃”,不必再度堕入轮回了。

“涅槃”字义“寂灭”或者“熄灭”,犹如烛火熄灭。但“熄灭”的到底是什么东西?是灵魂、自我,抑或身份?熄灭的当然不会是灵魂,因为佛家根本否认这种东西的存在。熄灭的也不是自我或身份,尽管涅槃确实关乎意识的急剧转变,意识能够摆脱对“我和我的”观念的纠缠。事实上熄灭的是导致轮回转生的三股邪火:贪、瞋、痴。确实如此,此生涅槃的最简单定义即“灭贪灭瞋灭痴”(S. 38. 1)。很明显,此生涅槃其实就是心理和伦理的实相,是作为转化状态的人格,所具有的特征是平和和深刻的精神上的欢愉、慈悲的心态,以及精细入微的觉醒。一切消极的精神状态和情感如疑虑、担忧、焦灼、恐惧等等,都会从得到启明的心灵中消失。许多宗教圣人都显示出具有数种甚至所有这样的品质,凡人或多或少亦可具有,尽管其发展未臻至善。得道之人如佛陀或阿罗汉等则完全具备这些品质,因而称之为功德圆满。

这样的人死时会变成什么? 这个疑问与最终涅槃相联系,如何理解的问题因而产生。欲求之火一旦熄灭,轮回就会终止,证悟得道之人不再转世再生。果真如此他会如何?早期经籍对这个问题并无明确答复。佛陀曾经说过,询问得道之人死后何往,就和询问火焰熄灭之后何往一样。火焰其实哪儿都没“去”:只不过终止了燃烧过程而已。因此戒绝欲求和无知就像移开氧气和燃料。然而不可因此将最终涅槃看作虚无:佛经清楚表明此乃谬说，视涅槃为个人灵魂的永恒存在也属谬论。

佛陀不主张探究涅槃的性质，倒是强调过努力获得涅槃的重要性。他把探究涅槃性质的人比作身中毒箭者，不去设法拔出毒箭，反而不住追问放箭者的情况，比如叫什么名字，属于哪个部族，放箭时距离有多远等等（M. i. 426）。由于佛陀不愿意详细讨论这个问题，早期经籍描述涅槃时多用意义负面的词语，例如“绝欲”、“止渴”、“熄灭”以及“中断”等等。少数几个意义比较正面的说法则包括“吉祥”、“好”、“净”、“静”、“真”、“彼岸”等等。某些经文似乎认为涅槃是超验的现实，亦即所谓涅槃四德：“常、乐、我、净”（《自说》80），只不过很难弄清楚这些说法到底该怎样解释。就上述分析来看，涅槃的本质除了体验者之外仍然是个谜。我们所能确切知道的只是这一点：涅槃意味着苦难与轮回转生的终结。

四、道谛

诸比丘众，此即道谛。谓诸无漏真俗智，为遍知故，为永断故，为作证故，一切圣道谓之八正道，即（一）正见；（二）正思；（三）正语；（四）正业；（五）正命；（六）正勤；（七）正念；（八）正定。

四圣谛的最后一条是道谛，解释如何从轮回通向涅槃。在日常生活的喧嚣之中，很少有人会停下来想想如何过一种充实的生活。这类问题曾经同样困惑过古希腊哲人，佛陀则作出了自己的解释。他认为生命的最高形式就是引导人向着善行和智慧发展，而八正道正是使人循序渐进直至终成正果的人生之路。

八正道又称“中道”，因为此说坚持了一条既不自我放纵也不厉行苦修的正确道路。八个方面又可细分为三个范畴，即“戒、定、慧”三学。这三个概念界定了善行的标准，还指出了人类发展的前途。戒是达到道德之善。慧是发展智慧之善。最后定又为何？有关定的作用将在下一章详细讨论，这里只是指出“定”是对其余二者的支持。

尽管道谛分为八正道，却又不可仅仅理解为获得涅槃之前需要依次通过的各个阶段，通过之后便可置之脑后。正相反，八正道其实是说明了如何在持续不断的基础上修习戒、定、慧三学。所谓正见，就是接受佛教教义，然后加以体验证悟。所谓正思，就是对佛经要采取严肃认真的态度。正语是要讲述真理，说话时要慎言敏语。正业指的是要戒除不正确的行为，诸如杀戮、盗窃，或者为了感官愉悦而行为失当。正命指不从事有害于他人的职业。正勤指获得对自己思维过程的控制，培养出积极的心态。正念指不断培养对佛陀教诫的领悟。正定就是通过种种修习技巧，专注一境，发展深层的内心平静，从而达到人格的完整。

1. 正见 2. 正思	慧
3. 正语 4. 正业 5. 正命	戒
6. 正勤 7. 正念 8. 正定	定

八正道及三学

如此看来，所谓八正道的修习其实是一种模仿的过程:以八正道揭示出佛陀如何生活，然后通过模仿佛陀的生活方式，逐渐修炼成佛。因此八正道是自我转变的途径:通过智慧、情感以及道德上的塑造，凡人皆可由一个自私而鼠目寸光的个体，向完善圆满的方向发展。通过对知识之善(智)与道德之善(戒)的追求,以及对愚昧和自私欲求的戒除,苦谛的源头得以弃绝,涅槃终可获得。

第五章

大乘佛教

佛陀并未指定身后继任者，而是任由他的追随者各自去解释法。佛陀死后不久即争辩四起，起初只是有关禅院修持的事务，接着就涉及教义本身。由于缺少中央权威机构，形形色色部派的出现几乎不可避免。最严重的分歧则出现在佛陀死后大约一个世纪，其中一派后来被称作“长老部”（亦称“上座部”），另一派则为“大众部”。

部派大分裂

两个部派分歧何在？有关记载给出的解释也有分歧。有些记载把分裂归因于将佛陀和阿罗汉相提并论而产生的教义争执。根据这一版本的解释，有位名叫大天的比丘提出“五事说”，认为在某些方面阿罗汉不如佛陀，例如还不能根绝烦恼，同时也缺少佛陀才具有的全知全能（佛陀本人倒并没有这样宣称过）。但是分裂最可能的原因或许在于上座部长老意图通过增添规条来修订“律”。

随着佛教开始向印度其余地区传播，出现了更为广泛的紧张局面。扩张的同时，佛教与新的风俗习惯和新的思想观念相遇。佛教应该如何应对？是墨守成规还是改弦更张以适应新的信仰和实践需要?结果,两个部派在一系列问题上出现意见对立,只好各走各路,史称“部派大分裂”。过了些时候,长老部和大众部两派日后又都各自分裂成一系列更小的宗派。这些派别大都已经消失,“上座部”是现在唯一的例外,它是长老传统的唯一继承者。然而,这些小教派遗留下来的传统仍然促成了一场革命运动,即所谓“大乘佛教”。

大乘佛教:新的重点

大乘意为“大车”,之所以这样称呼是因为其自视为解苦脱难的一般方法。这一运动的初始几乎与基督的诞生同时,大约在公元前后一百年期间。尽管没有可靠证据能证明基督教和佛教之间曾经互相影响,但是注意到基督教和大乘佛教之间的许多相似之处无疑是有帮助的。首先值得注意的一点就是所谓救世主的观念。正如基督教坚信基督自我献身为基督徒树立服务他人的榜样一样,大乘佛教的最高理想也是毕生奉献以求普度众生。与早期教派注重自我救赎意识相当不同的是,大乘佛教着重强调了救赎他人。这个观念表现在菩提萨埵这一楷模身上:发愿以无数世代之生命不畏劳苦地引导众生走向涅槃。凡献身大乘佛教者即成菩萨(即菩提萨埵的简称),但对多数人而言这只是开始,在此之后还有漫长的修持过程。菩提萨埵这一楷模非常重要,尤其是在早期阶段,大乘佛教也因而曾经被简称作“菩萨乘”。

与服务他人相关的就是无私之爱的观念。在基督教教义中,爱的地位极其重要;在大乘教义中,慈悲亦同样占据了中心位置。确实如此,正是对他人苦难的悲悯促使菩提萨埵牺牲自己成全他人。当然,菩提萨埵并不像基督那样为他人赎罪,而是以自己的努力成为众生的“益友”。他的帮助之道就是成为众生的榜样，以实用方法减轻众生苦痛，鼓励并帮助他们，引导他们走上解脱之途。

有关佛陀的新观点

随着菩提萨埵的形象日渐走向前台，佛陀的形象则开始退隐，同时也日渐尊崇。待大乘教派奠定地位之时，距离佛陀入灭已经有几个世纪，有关他生平事迹的记述也益发夸张，佛陀逐渐成为半神半人。神秘色彩之所以会增加，也是因为他在最终涅槃中地位的不确定性：尽管长老教训说佛陀已经离开人间道进入最终涅槃，却亦有可能将其想象为仍然存在于超验世界之中。大乘佛教的信徒推论道，如佛陀般悲悯的人断然不会撒手不管，断绝与他人的联系。言下之意是，他们相信佛陀仍生活在“世外”的某处地方，如同他在人间道时一样仍在普度众生。出于这种信念，一些虔诚教派出现了，它们举行崇拜和供奉以求酬神偿愿。在向众生奉献爱心并服务众生方面，菩提萨埵相当于基督，如此说来，佛陀则相当于上天的父神，仁慈而超然，像慈父关心子女的福祉一样，并不在世间居住却同样在天国中关注人事。

这种看法最终导致了成熟的大乘佛教宇宙观念以及“佛学新论”的产生，认为佛陀有“三身”或以三维方式存在：应身、法身、报身。应身是指佛陀在世间的肉身形象。报身存在于极乐世界中，在我们世界的“上游”，与基督教的天堂不无相似之处。法身是佛陀和绝对真理的统一，相当于基督教神学哲学家所言的作为绝对实在及终极实在的上帝（大乘佛教对上述各种称呼的解释多种多样）。最后一个值得一提的相似之处是，与基督将在最后审判日二次降临人世的说法一样，佛教徒也认为佛陀作为“弥勒的佛”会在“永世”之末再度出现，其时将是一个乌托邦的时代，众生都会得到证悟启明。这种观点（亦见于上座部教义）为众多信仰弥赛亚[1]的教派提供了基础，这些教派无论在亚洲南部还是北部都得到广泛流传。

法身
佛陀与绝对真理的统一

报身
存在于极乐世界的“天堂之体”

应身
佛陀在世间的肉身形象，亦即佛陀的生身

佛陀“三身”

随着大乘佛教兴起而出现的佛教部派分裂，其意义颇类于基督教史上的宗教改革，当时拉丁基督教分裂为天主教和新教。两次分裂都给宗教历史留下一个持久的印记，佛教徒视自己为大乘教派佛教徒或上座部教派佛教徒，就如同基督徒中也要区分天主教徒和清教徒一样。新教和早期佛教在教义方面亦有相似之处，两者都把精神上的救赎看作个体责任；而天主教（包括正教）和大乘佛教一样，认为通过圣徒和菩提萨埵，帮助和调停等等都是有可能的。若是太过强调这种比较显然不智，

---

① 原义为“受膏者”，源自古代希伯来人在受封者额上敷以膏油的仪式，转义为上帝所派遣者。犹太国亡，国民纷纷传说上帝将遣弥赛亚复兴旧国。从此弥赛亚成为救世主的专称。

因为两者之间的相异之处仍然很多。举例来说,大乘佛教起初只是一个松散的宗教运动,并未组织成宗派世系;而且即使在大乘佛教信徒和其他教派信徒之间也并无不可逾越的鸿沟。有大乘心的僧侣,由"大众部",甚或由长老部的各个支派披剃,都可以和见解不同的佛教徒和睦相处。

大乘佛教经典

大乘佛教的核心是一系列新出的经卷典籍,成书年代约在公元后的头几个世纪里。保存在巴利文正典里的早期经籍据信是佛陀自己的言说,而新出的佛经则很难断定其作者。这些由无名作者(常常不止一人)编撰的佛经仍然具有无上权威,原因是这些经典同样启发了人的想象和灵感。大乘佛教新的宇宙论也认同这一观点:佛陀本人若非这些新经典的肉身作者,至少也是精神上的,因为他的智慧仍然持续不断地从天宇高处向人间传播。

主要的大乘佛教经典如《妙法莲华经》(约在200年成书)引发了早期佛教史上的剧变。其中的关键论点便是宣称,尽管作为历史人物的佛陀生死一如凡人,可实际上,早在记忆所及的遥远年代之前,他就已经得到证悟。但作为一位充满智慧和心怀仁慈的导师,他会通过奥义真言来呼应时人的期盼。正如一位经验丰富的导师不会向初习算术者传授高等数学如微积分一样,佛陀也只是揭示了一些有限的教义,亦即精神上的ABC,他知道这些才是早期追随者可以理解的东西。这样做的原因在于"法"的真正深度和范围——如今在大乘佛教中得到充分揭示——深不可测,与其令人困惑,倒不如用一些方便之法将真理的简化形式公诸于世。

《妙法莲华经》当中有一段著名的故事即“火宅”之说，经文将佛陀比作长者，眼见自己子女居住的宅院起火，思量着如何才能引导他们抵达安全之地。沉迷在嬉戏之中的孩子还未意识到自己身处险境，因此不愿意离开。佛陀于是允诺外面有珍玩好车等着他们，孩子便跟他一拥而出，终得以逃离大火。寓言之中的火宅代表 “轮回”——充满苦难又瞬息万变的世间——而孩子则代表了他的追随者。因为他们沉迷不醒，佛陀只好用一些自以为对他们有吸引力的方法来引导他们。然而，孩子一旦得以脱离眼下的危险，全部真理也就不言自明了。故此大乘佛教认为，早期经典纵使并非假托也并不完备，还应该加以充实。大乘经典经常取笑早期教派——蔑称它们为“小乘”。有些经文例如《维摩诘经》(约400年成书)描绘了早期教派的饱学比丘如何被一位俗家人维摩诘难倒，维摩诘轻而易举就揭示了大乘佛教更为高级的教义。

सद्धर्मपुण्डरीकसूत्रम् ।

॥ नमः सर्वबुद्धबोधिसत्त्वेभ्यः । नमः सर्वतथागतप्रत्येकबुद्धार्यश्रावकेभ्यो-ऽतीतानागतप्रत्युत्पन्नेभ्यश्च बोधिसत्त्वेभ्यः ॥

१ निदानपरिवर्तः ।

एवं मया श्रुतम् । एकस्मिन् समये भगवान् राजगृहे विहरति स्म गृध्रकूटे पर्वते महता भिक्षुसंघेन सार्धं द्वादशभिर्भिक्षुशतैः सर्वैरर्हद्भिः क्षीणास्रवैर्निःक्लेशैर्वशीभूतैः सुविमुक्तचित्तैः सुविमुक्तप्रज्ञैराजानेयैर्महानागैः कृतकृत्यैः कृतकरणीयैरपहृतभारैरनुप्राप्तस्वकार्थैः परिक्षीणभवसंयोजनैः सम्यगाज्ञासुविमुक्तचित्तैः सर्वचेतोवशितापरमपारमिताप्राप्तैरभिज्ञाताभिज्ञातैर्महाश्रावकैः । तद्यथा–आयुष्मता च आज्ञातकौण्डिन्येन, आयुष्मता च अश्वजिता, आयुष्मता च बाष्पेण, आयुष्मता च महानाम्ना, आयुष्मता च भद्रिकेण, आयुष्मता च महाकाश्यपेन, आयुष्मता च उरुबिल्वकाश्यपेन, आयुष्मता च नदीकाश्यपेन, आयुष्मता

图5《妙法莲华经》梵文经卷

大乘佛教的追随者通过各自的宗教修为所追求的是菩提萨埵的道路。经过几个世纪的发展,菩萨“行”的各个阶段被逐步阐明。其重要的初期阶段就是所谓“证悟之心”,亦即“菩提心”。这相当于一种改宗体验，为了拯救苍生而发愿修习菩萨行,引导众生走向涅槃而不论花费多少时间。

大乘佛教之善

菩萨的六度之法:

一、布施(檀那)

二、持戒(尸罗)

三、忍辱(羼提)

四、精进(毗梨耶)

五、禅定(三摩地)

六、智慧(般若)

菩萨行的中心思想是“六度”(见本页方框)。菩萨在修行“六度”时,要经过“十地”[①],“十地”是通往涅槃的主要路标。一旦抵达第七地就不可能回头,也注定会获得涅槃。尽管这套方法与早期佛经有所不同,但获得涅槃的新方法与八正道所述并非截然不同。后者所包含的“戒、定、慧”三学与“六度”相似。

已及高位的菩萨被想象成具有无边法力者,实际上近乎佛陀的报身。佛陀和高阶菩萨之间的区别确实日渐模糊。在已经成就佛果的菩萨中,最重要的两位就是观世音菩萨(见下页)和

① 佛教修行的十个阶位。有两种常见说法。其一为“三乘十地”,是声闻、缘觉、菩萨共修的阶位。其二就是“大乘菩萨十地”,详见《华严经》、《成唯识论》等。

图6 **观世音菩萨，慈悲的化身**：这位菩提萨埵的许多手臂向四面伸展，象征着慈悲，伸展的手臂或者手持念珠，或者手持莲花；有时更示人以千手千面形象，象征其无量慈悲。约1700年。

文殊师利菩萨。前者代表慈悲，后者代表智慧。观世音菩萨具有千手形象，四处救苦救难。而文殊则持智慧火剑挥斩蒙昧。他们身边出现了众多觉者和菩萨，据说居住在气象庄严、不可窥视的九天之上。正如我们自己的世界体系承蒙一位佛陀的恩宠一样，假定其他世界体系各有各的佛陀也并非没有道理。因此大乘佛教不断为这些虚构的佛陀创造形形色色的名字和性格，并将他们安置在庄严的佛国之中。一个五佛之“家”逐渐成为标准，经常被描绘成神秘的环形图案“曼荼罗”。这些五颜六色的环形图案通常展示了有历史记载的佛陀释迦牟尼居中安坐，其余四位无历史记载的佛陀则按东、南、西、北四方分居其侧。

位居西方的佛陀被称作阿弥陀佛（无量寿佛）。东亚佛教围绕他所居住的庄严天国即“净土”发展出了以其为信仰核心的一大宗派。阿弥陀佛（日本人称之为阿弥陀）发愿说，若得证悟必帮助任何信奉他并且口念其名号的众生，接引他们往生净土亦即极乐世界。很明显，由于公元初几个世纪以来出现的此类发展，大乘佛教与佛陀原来的教诫有所偏离。佛陀认为解脱是个人的事情，而大乘佛教则倾向于认为可以通过信仰与恩宠来获得。然而，即使在发展出这一观点的净土宗看来，阿弥陀佛的西方极乐世界也并不完全等同于涅槃。转生在净土之中的人仍然需要为最终获得证悟而不懈努力。

哲学方面的发展

随着新经典越来越多，佛教僧师开始撰写评论，借以弘扬大乘佛教的哲学基础。其中最著名者即龙树，其人生活于150年（即2至3世纪）前后，创立了“中观派”。他利用传统“中道”观念进行了复杂的辩证推理，如此这般地从某些早期经典的微言大义中引申出它们的逻辑结论。第四章讨论集谛时曾经提及缘起。以“阿毗达摩”(大法)著称于世的早期上座部学术传统认为此说涉及的是诸法实相的生灭。“诸法”据信如同“砖块”,一切现象无不由此堆砌而成;虽非永恒,却是真实的。在此基础上,万事万物如桌、椅,都被解释成诸法实相的组合,而非各有自性的实体。举例来说,椅子可被看作由椅腿、椅背、椅座组成,并无什么抽象的“椅子”在此之上存在。

但是龙树以更进一步的方式阐释缘起。他在说法时讲到所谓诸法非但不是恒久之物,甚至根本就缺少天然实相。据他归纳,一切现象——桌、椅、山、人——其实本来就是“空”无一物。中观派激烈争辩道,此说并非鼓吹虚无:并非宣称事物不复存在,而是说事物并非以人们通常认为的那种独立实体存在。现象应该是有与非有之间的中道,中观派正是以对中道的这种解释而得名的。

这一思路的另一重要含义就是涅槃和轮回之间并无任何区别。龙树推论道,万事万物如果并非实有,则在深层意义上是相同的。既如此,涅槃和轮回的区别从何谈起?事物本身并无区别,因为事物的本质都只是“空”;所谓区别只存在于我们对事物的观念里。他举出的例子就是杯弓蛇影(某人在晦暗之中将弓箭误认作毒蛇而受到惊吓)。一旦认识真相,一切惊惧恐慌和逃跑欲望便都消失得无影无踪。龙树就此推论说,为求解脱所要做的只是具备正确观念——承认真实存在——而非从假定不完美的现实状态(轮回)向完美状态(涅槃)飞跃。中观派就是如此这般地对涅槃进行了解释,将它看作蒙昧者眼中所谓轮回的净化了的心相。其结论就是涅槃无处不在,无时不在,只要我们可以见证它。精神愚昧(无明)的消除以及对万事万物本来虚空的认识大可克服我们所有的恐惧——或欲求。龙树及其门人将这一复杂的理论体系称作"空论",在以后的几个世纪里,"空论"成为大乘佛教的思想源头,带出无数的经论言说。

空论之外还出现过许多更复杂的哲学体系,例如"唯识"论。作为一种唯心体系,它把意识看作唯一实在,因而否认实物的客观实在。冥想体验在这一学派的发展过程中似乎起了很大作用,这从它的别名"瑜伽行派"上可以看出。本书没有足够篇幅论述所有这些流派观点的复杂性以及全部大乘思想的丰富性和多样性。读者想进行深入研究,可参考推荐书目。

小结

大乘佛教并不拒绝佛陀的早期教诫,只是有时候会以极端方式对其加以重新解释。大乘佛教自以为揭示了佛陀教诫的真义,在它看来这些真义并未受到早期传统的重视。大乘佛教所揭示的一切确实并不新鲜:体现在菩提萨埵里的那种无私忘我的慈悲观念早在佛陀一生泽被世人的行为之中表露无遗。至于空论则在诸法无常、诸行无我的教诫中已见端倪。最后,从冥想者进入到至大光明和至纯无瑕状态的体验中,也可以轻而易举地得出这样的结论:意识本身就是至关重要的实相。

大乘佛教最为标新立异之处是翻新了佛学和促使了一些围绕诸多佛陀和菩萨的虔敬教派的产生。印度西北部是大乘佛教早期的核心地区;已有学者考察论证过,希腊文化和祆教文化对佛教的可能影响或可解释这些发展。这一地区正是一个文化大熔炉,其间有着各种思想的冲撞,也有亚洲商路涌来的百货汇聚。只不过无论这些考论如何引人遐思,其实并不需要借用外部影响来说明佛教中虔敬运动的崛起。一方面,虔敬教派本来就在印度流行,对印度教大神黑天的崇拜早在崇拜基督之前几个世纪就已经开始了。另一方面,对佛陀和其他圣人的崇拜即使在最初阶段也已经有迹可寻。平心而论,这种说法最有可能:虔敬运动——伴随着本章提及的其他革新——是自发的变革过程,随着佛陀早期教诫中若隐若现的观念逐步被理解,终于在佛教发展的某个阶段自然出现。

第六章

佛教在亚洲

阿育王

从一开始，佛教就是一种立意传播的宗教。佛陀云游四方，广布教义，还明确训示信徒也要照此去做。他曾这样说：“诸比丘众为天下苍生善福故须四出游方。”佛教之大兴首见于公元前3世纪。约公元前268年，印度史上最伟大的人物之一阿育王即位成为孔雀王朝皇帝。阿育王通过征服四方扩大了孔雀帝国的版图，这是大英帝国殖民统治印度之前印度历史上最大的帝国。对东海岸进行血腥远征之后，阿育王在今天的奥里萨邦地区心生悔意，皈依佛门。自此以后，他以佛法治国；在他的提倡之下，佛教大兴。除了帮助印度境内的佛教奠定地位，阿育王还向近东和马其顿各君主的朝廷广派使节。据僧伽罗文编年史的记载，影响所及远至东南亚一带。这些早期传教的记录见于阿育王统治时留下的石碑经文。这些经文提供了有关印度早期历史的翔实资料。虽然我们没有办法知道这些传教者的确切命运，但去西方的人似乎没有产生多少影响。在西方文献中留存下来的有关佛教的最早记载，是2世纪亚历山大的克雷芒的著述（更早期涉及印度的经典或许曾提及佛教）。

佛教在印度

在印度本土建立过很多佛学院，例如7至12世纪时非常兴盛的那烂陀寺(今巴特那城附近)。常年有多达万名的学生去那里研习佛法诸学,其中包括逻辑学、语法学、辞源学、医药学以及中观派和其他哲学流派的理论。佛教中心远至南方和西北边陲,后者成为通往中亚和远东的门户。

公元后五百年佛教迅速发展，其间约在450年前后稍受挫折,当时来自中亚的白匈奴部落毁坏了今阿富汗以及印度西北的佛院寺庙。此后五百年中佛教的命运则是好坏参半,到了末期在印度已经处于衰落。10世纪末叶印度北部又遭突袭。这一次的入侵者是突厥人,他们发动一次又一次的远征,逐渐渗入到印度东北,并接触到佛教的古老家园。佛教在这些突袭中屡遭重创,因为这些完全不设防的寺庙轻易就被洗劫。在突厥人眼中,佛教徒是“偶像崇拜者”,因为在庙宇寺院里往往陈列着佛陀和菩萨像。艺术珍品遭到捣毁,图书典藏也付之一炬。1192年,一个突厥部落在印度北部建立统治,成为连串穆斯林王朝的第一个,史称德里苏丹国。随后的几个世纪是动荡不安的年代,一直到16世纪,才由莫卧儿人开创了一个相对平稳而又宗教宽容的历史时期。但到那个时候,一切都已太迟。似乎是为了证明其教义所揭示的天下万物均有起有落,佛教从其诞生之地销声匿迹了。

亚洲其余地区的佛教历史可以方便地分作南传和北传两宗来论述。一般而言北传者多为大乘佛教,长老宗则多在南方。长老十二宗只有一宗绵延至今,即所谓上座部。此后若再论及佛教的两个主要流派,则分别指大乘佛教和上座部佛教。

斯里兰卡

随着上座部佛教在南方国家占据主导地位，现代斯里兰卡国的发源地锡兰岛在保存和发展佛教文化方面，起到了至关重要的作用。根据当地保存下来的佛教编年史，佛教是公元前250年由阿育王的一位特使，名为摩哂陀的僧人传入锡兰岛的。摩哂陀和他的随从在阿努拉德普勒修建了中心大寺。公元前80年左右在斯里兰卡，巴利文正典首度成文，因为当时的僧人担心兵火和饥馑会使得口口相传的经文不能流传下去。

这个岛国的住民中最著名的一位是5世纪迁入本岛的印度僧人觉音。他校勘和编辑了有关正典的早期论藏，并且将其译成巴利文。他的地位和影响或和稍早于他的基督教神父圣奥古斯丁（354—430）相类似。觉音的经典著作《清净道论》——教义和教规的概论——一直是上座部的一部经典。

在这个岛国的历史上，佛教很早就和政治纠缠在一起。教权和政权之间，或僧人和国王之间，一直有着互惠的密切联系。国王受到僧众拥戴，僧人则成为国师，为国王讲经说法。尽管时下所立宪法禁止僧人从政，但僧人在公共事务之中仍具有不可忽视的影响力。在斯里兰卡历史上，佛教经历过数次衰落，通常都发生在入侵（如印度泰米尔人入侵）或者民众骚乱之后。好几次传戒制度都已绝迹，为了重新开始，只得在1065年从缅甸、1753年从泰国请来僧人。近几十年来这个岛国苦于种族纷争，主要发生在多数信仰佛教的僧伽罗人和北部少数信奉印度教的泰米尔人之间。然而佛教本身依然蓬勃发展，成功地回应了殖民主义的挑战，并且适应了现代的民主政治。

东南亚

东南亚另外两个重要的信奉上座部佛教的国家是缅甸和泰国(旧称暹罗)。上座部佛教传入这个地区也是由于阿育王派出的一个使团。自公元后的最初几个世纪开始至今,它仍然在当地土著孟人中间流传。东南亚传统上以印度为文化源头,佛教和印度教的强烈影响都遍及整个地区。5至15世纪,这个地区的统治力量是高棉帝国,在其统治之下,印度教和大乘佛教的各门各派都广为传播。缅甸文编年史称,觉音菩萨曾经造访缅甸,并建立了巴利文的佛学传统。佛教宗派林立的局面一直到阿奴律陀国王(1044—1077年在位)征服南方统一缅甸,并尊奉上座部佛教才告结束。尽管在此之前,上座部似乎已经控制大局。孟人随后重获自由,直到17世纪才被最后征服。阿奴律陀的首都蒲甘在1287年被蒙古人攻破,全城连同数以万计的宝塔和寺庙悉遭毁弃。尽管遭此大劫,佛教仍然劫后新生,蓬勃发展。时下有将近百分之八十五的人口都信奉上座部佛教。

上座部在其邻邦地区(今泰国)立足甚久,尤其是孟人的诃梨朋阇耶王国和他叻瓦滴王国。11世纪时,由缅甸派来的使团进入本地区。13世纪,受到蒙古人逼迫从中国进入这一地区的泰国人发现,上座部佛教较之他们在北方所熟悉的形式精致的大乘佛教,似乎更为合意。上座部佛教获得王室支持供奉,不久就取代了对手的位置,时至今日仍然是泰国的官方宗教。

柬埔寨、老挝和越南的佛教历史大抵相同。只是越往东行,上座部佛教的影响也就越小于大乘佛教。这些地区的宗教往往诸说并陈,融上座部佛教、大乘佛教以及本土的信仰为一体。佛教在传播过程中,并不企图清除本土的信仰,而是将地方的诸多神灵纳入其自身的宇宙体系之中。所以常常见到村寨中的佛教徒向本地神灵求卜问卦，以解决日常生活中遇到的问题——从疗疾治病一直到婚丧嫁娶——而靠佛教来解答更为根本的人生命运问题。

这种在本土信仰上进行嫁接的现象在亚洲北部地区同样屡见不鲜。那里是大乘佛教的天下。香火最盛的地区是中亚，包括中国、日本以及高丽。本书此处只能略略描述一番佛教在中国汉地、日本以及在中国藏地的发展。

中国汉地

佛教从印度向北传入中亚，在1世纪中叶传入中国汉地。此间，两汉在中亚的统治已经确立（公元前206—公元220年），佛教僧人可以乘坐篷车沿着将奢侈品从中土运往西方的丝绸之路往返旅行。对那些讲求实用的中国人来说，佛教既陌生又诱人。中国的统治思想是儒教，这是一种源自孔子（公元前550—前470）学说的社会伦理系统。在某些问题上，佛教、儒教似乎格格不入。儒教视家庭为社会基础，而佛教则诱使人们出家并弃尘绝世，这致使某些教派时至今日仍被人当作异端邪说。佛教僧伽作为离弃社会者的一个社团，如同国中之国，成为挑战帝皇权力并且威胁儒教大一统的异类。佛教徒往往还拒绝叩拜帝皇，因为在印度，僧人受到俗众的尊崇供奉。诸如此类的文化差异导致了冲突和误解，也增加了对这种新宗教的敌意。

但在另一方面，佛教又有很多地方足以吸引中国人。它似乎在儒教止步的地方起步，描绘了儒教鲜有提及的未知世界。曾经有儒生（子路）问孔子如何侍奉鬼神。孔子答曰："未能事人，焉能事鬼？"又问生死，则答曰"未知生，焉知死？"（《论语·先进第十

图7《**金刚经**》:世界上现存的最古老的印刷品。这是大乘佛教经典中最为重要的一部。时间为868年。

一》)。儒教将超自然事物置于次等地位,也就没有能够回答许多中国人感到好奇的问题。佛教似乎对这些问题都作了回答,尤其是有关死亡和死后生活的问题。这个问题特别令中国人感兴趣,因为他们对祖先怀着深深的敬意。于是许多中国人把儒教当作此生的权威指导,而为了来生则转向佛教。

佛教和中国的另一哲学流派"道家"颇有一些相似之处,这一形式的自然神论是由传说中的圣人老子(生于公元前604年)所创立的。道家的宗旨是通过学会平衡充盈天地之间的阴阳二气来使人与自然和睦相处。"阴"是"雌"性的,表现为阴柔与被动;而"阳"是"雄"性的,体现为阳刚与力量。这两种气质程度不同地同时存在于任何个体和一切现象之中,其相互作用的结果就是世界上一切发展变化的原因。所谓圣人,其实就是通晓此中奥妙的人,他知道如何保持二者之间的平衡,因而可以在生活环境的不断变易之中左右逢源。但凡可以做到内心世界阴阳调和的人，不仅可以得到精神安宁，而且可以得到神奇的力量，乃至长命百岁。道家经典《道德经》据说为老子所撰，书中提出了通向这种更高人生境界的诸般原理。

在某些领域里，佛、道确实有相合之处。佛家修习禅定的目的似乎也和道家圣人的目的相通，都是想寻求内心世界的宁静，追求所谓“不动之动”(即无为)。中国佛教宗派中的禅宗(为日本“禅”之始祖)就是来源于这种互相作用。然而道家教条散漫而无系统，偏重于守静感悟；而佛教则有系统的哲学框架以及经学传统。正是佛教的这一方面吸引了中国好学深思的士绅学者，佛教也由此自然而然地被接受为中国“儒、道、释”三教之一，尽管它与异国的联系从未被撇清过。颇有一些中国僧侣去印度朝圣取经，其中著名者有法显[①](399—413)、玄奘(630—644)以及义净[②](671—695)。

此后的几个世纪之中，佛教在中国的命运时好时坏。在唐朝(618—907)达到最高点，尽管许多密宗大师要迟至元朝(13至14世纪)方才出现。

日本

远东另一个重要的佛教中心是日本。6世纪时佛教经由高丽传入，但深受中国大陆影响。平安时代(794—1185)出现了传自中国的佛教宗派，诸如天台宗和真言宗。崇奉阿弥陀佛的日

① 东晋僧人，俗姓龚，山西襄垣人。曾赴天竺求法，遍历诸国，凡十四年归，携回大批佛经。

② 唐代僧人，四大译经家之一。俗姓张，山东历城人。曾经海路往印度求法，在那烂陀寺兼习大小乘，历时二十余年，游历三十余国。归时携经律论四百余部，武后亲迎之。先后译经六十一部，凡二百三十九卷。

本特有宗派净土宗亦在此时开始发展，并在镰仓幕府时期(1185—1333)达到顶点。

日莲(1222—1282)反对在他看来既踌躇自得又消极避世的净土宗,于是发起一场新的宗教运动,决心以《妙法莲华经》为修行正法,而不是崇奉阿弥陀佛。日莲的信徒不再口念真言"南无阿弥陀佛"(意为"向阿弥陀佛致敬")以求在阿弥陀佛的极乐世界里再生,而是唱诵"南无妙法莲华经",似乎觉得只要凭着信念与奉献之心唱诵这些字眼,一切愿望——无论物质上的还是精神上的——皆可达成。日莲想在全国范围之内发动一场社会和宗教改革,他将日本看作举足轻重的中心,通过这个中心,他的教义将会传播四方。他的目标已在某种程度上实现,时至今日,日莲正宗及其旁支"国际创价学会"数以百万计的信徒都把唱诵"南无妙法莲华经"当作他们每天必修的部分功课。

与印度佛教迥然不同的日本佛教具有强烈的社会倾向,非常强调群体组织以及共同的价值观念。颇具影响的法师诸如亲鸾(1173—1262)否定清修并怂恿僧人结缡嫁娶,过社会生活。(传说他自己亲身实践自己的理论,娶了一位比丘尼,和她生了五个儿女!)

除了净土宗和日莲宗之外,日本佛教第三个最为重要的派别是禅宗，它于13世纪从中国和高丽传入。"禅"音译自梵语"dhyāna"(巴利文jhāna),意为冥想。事实上冥想就是禅宗修行的主要方法。禅宗认为明心见性之法在于直觉感悟而非逻辑推理。那种内心火花的闪现——称之为顿悟——经常在尘世活动中出现,此时大脑平静放松,并不强求学理以及智慧方面的解析。这种体验被比作桶底脱落,出其不意,在电光石火之中偶然得之。禅宗将未经启明之心比作一池泥水,认为要使之清澈,最

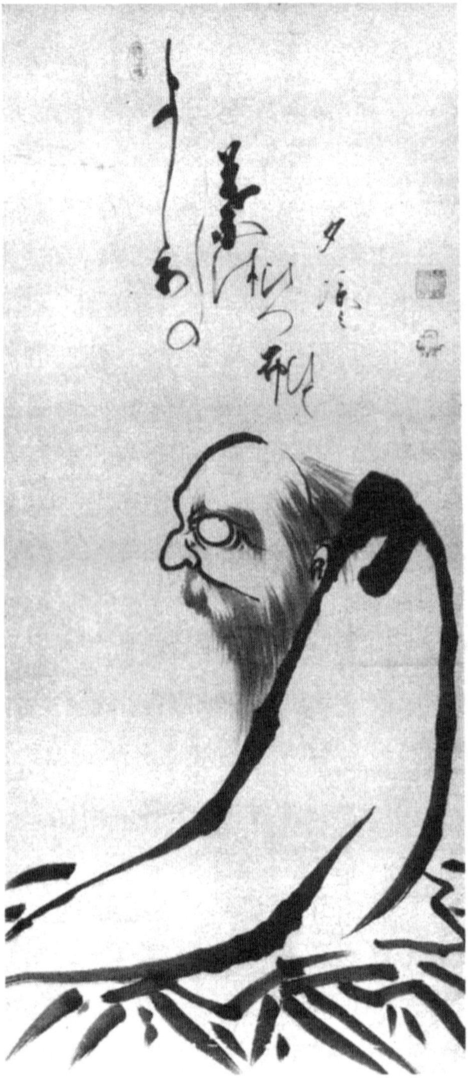

图8 **菩提达摩像**：据信菩提达摩在6世纪携佛教禅宗（禅宗是佛教的一个宗派）进入中国。传说他面壁九年修炼禅定。此画作者为白隐慧鹤，生活于18世纪的日本。永青文库，东京。

好的办法是听其自然(由它慢慢沉淀),而不是借研读教条频频翻搅池子。禅宗有一种反偶像崇拜的倾向,似乎认为研读经典教义、戒条律令等等,阻碍了领悟真知的进程。禅定则被看成获得心灵洁净的最佳途径。禅宗亦借诙谐言谈、自发举止、离经叛道的思想理念、诗词歌赋等等艺术化的形式来传达顿悟的观念。这种超理性的觉醒可以通过绝非“言词”可以表达的方法,由禅师传达给禅定修习者。

禅宗的两个主要派别之中,曹洞宗相信沉思默想已经足够;而临济宗则认为须借助其他技巧来集中精神。其中最为著名的便是“无解谜语”,亦即“公案”。例如有“公案”问:“单手击掌何声?”禅师总爱出些这样的谜语给弟子去冥思苦想,再令其在适当时候带着谜底回来。任何理性的回答(例如答“无声”)都不被接受。目的是要弟子明白,所悟之道实在理性认知之上。只有不再视“道”如理论,才有可能证悟。

中国藏地

最后要提及的佛教文化中心是西藏。由于山路崎岖遥远又远离驿道商路,佛教传入西藏时已经迟至8世纪。当地流传的佛教派别名称很多,诸如“密宗”、“金刚乘”和“真言宗”(因其经常唱诵具有法力的咒语)。

金刚乘借用大乘佛教的理念以及其天地观念,还增添了许多象征之物和独有的修持方法。这一宗派的核心是头一个千禧年的后半段在印度结集的一套神秘的经文——密典。密典利用神秘图符(曼荼罗)和具有法力的咒语(真言),并以神秘的“密语”记载,非授法者往往不能解读。授法者由“古鲁”(印度教上师,藏语即“喇嘛”)担任,他主要传授密语及法器的意思。就外在形式而言，密宗和西方的仪式魔法大体相类，都借用了神坛、星符、咒语、咒术等。基于涅槃和轮回之间并无区别的观点，密典认为，任何事物——哪怕欲求本身——都可以用来当作解脱的法门。热望遂被视作一种强大的能量，并非与生俱来的邪恶，和电力一样可用于各种目的。色欲以前一直被当作僧人修持的重大考验和障碍，但在密宗看来，也可以是一种潜在力量，只要驾驭得当，反倒可以帮助僧人增进果位。

对密宗教义的理解可以有不同层次。有些佛教徒秘密结社——似与女巫的聚会并无不同——演习充满男女性行为的仪式。另有一些人认为如此教诫别有深义，不可单凭外表观之。西藏艺术与神像大都具有赤裸裸的性爱内容，但是通常被解释为一种象征，其中男像表示“方便之法”（菩萨引导众生明心见性的诸多法门之一），女像表示“智慧之法”：二者之欢喜合体即为涅槃。藏传佛教最具影响力的宗派格鲁派由宗喀巴创建于14世纪，它用第二种方式来看待密宗，视其为车乘，将深刻的教理加以具象，使之易于传播，而不是让信众摒弃道德规范。此派僧人与早期印度僧众一样，持律甚严，除许多清规戒律务须信守之外，尤其要求僧众严格禁欲。但是宁玛派则允许僧人成家立室。

西藏的达赖喇嘛隶属格鲁派。“达赖”是蒙古语（智如）“大海”的意思，该尊号由16世纪蒙古领袖俺答汗所赠。过去，达赖喇嘛兼管僧俗。

佛教在亚洲的历史及其与其他文化的相互关系既引人入胜又纷繁复杂。本章试图传达这一印象：亚洲大陆上的佛教传播是多姿多彩的。其他亚洲文化如高丽文化亦对佛教在亚洲的

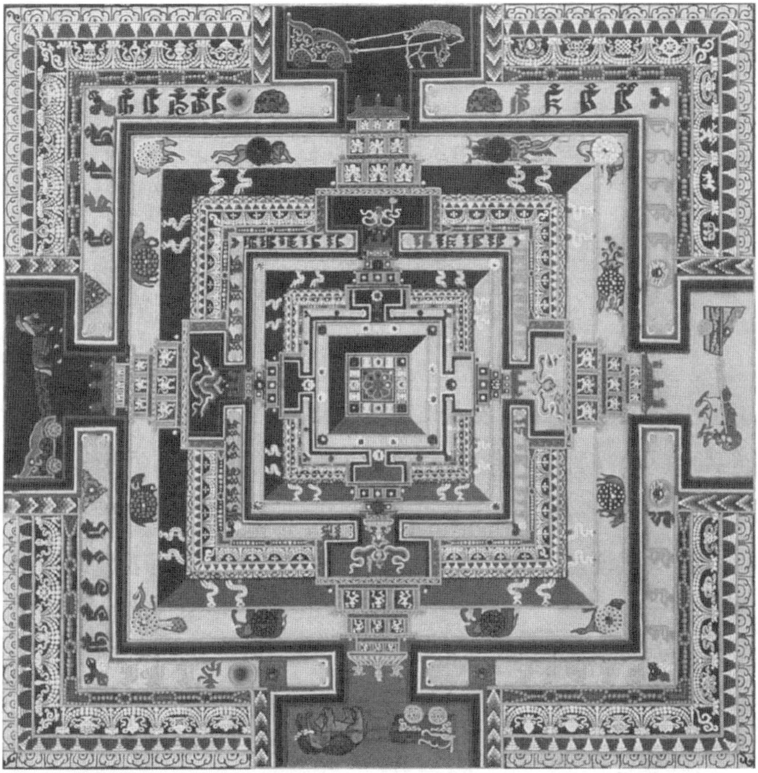

图9 **沙曼荼罗：**这个曼荼罗是用细砂和矿物颜料混合后，置于细孔漏斗滴漏而成的。制作时极需耐心和技巧，为了举行仪式而制作的曼荼罗在仪式结束后便立即毁弃。这个曼荼罗是1985年在瑞典创制的。

传播和发展贡献良多，因为篇幅所限而未能详述。想进一步研读上文提及之诸种文化可参考推荐书目。

第七章

禅定

禅定在佛教中占有重要地位是完全可以理解的，回想一下佛陀就是在禅定中证悟的。佛陀结跏趺坐禅定的形象(见下页图片)是佛教艺术中最为盛行的主题之一,也在时时刻刻提醒人们留意禅定和明心见性之间的密切联系。事实上,佛教所有部派都把禅定看作通往证悟的正途,禅定主要体现了作为宗教的佛教所具有的“体验”维度。

禅定(三摩地)是八正道之一,因此在佛教修行方法之中占据了重要位置。但在佛教中,禅定有一个更宽泛的称呼——修习,意为“修炼”或“练成”。其字面意思也很精当,因为禅定确实是佛家的主要方法,可以令人练成想成为的人。

印度背景

在佛陀生活的年代里,禅定作为普通修行方法为所有离尘绝世者(沙门)和坚持正统婆罗门教传统的修习者所广泛采用。佛陀之前几个世纪,人们对精神生活的兴趣逐渐高涨,其结果就是经典《奥义书》的结集。这些经籍尝试解释内在灵魂和存在的宇宙基础之间的关系,并且描述了种种神秘技巧,据说可以通过这些技巧，达到梵我一如。(认识到自我与终极实相的同

图10 **佛陀入定：**这尊巨大的石像展示了佛陀双手结手印在莲座上入定。阿弥陀佛像，日本镰仓时期，13世纪。

一。）尽管佛陀并不认同这些经籍所强调的哲理，但他多少还是接受了这种说法：解脱之道须从内心求之，只可以通过对自我本质的深刻了解来获得。

除了《奥义书》上的教诫，佛陀对瑜伽术的理论和实践也很熟悉。尽管瑜伽术的修习者往往将自己的理论基础置于佛陀所不赞同的哲学教条之上，他们仍然发展出了一套精致巧妙的技巧,可以帮助人们达到灵肉双修的目的。Yoga(瑜伽)似和英语单词"yoke(轭枷)"有关,所起的作用正是对精神力量加以约束和控制。大多数读者都熟知瑜伽术变化多端的肢体操练与身体姿势,其目的就是令身体变得柔软、坚韧和健康。瑜伽中所使用的禅定之法对心灵起着大抵相同的作用,它提供一套综合性的微调技术来调节人的精神,使之有机会达到巅峰状态。由此看来,佛陀并没有发明禅定,而是如下文所言,他对同时代人的瑜伽修行法进行了有意义的修正,使得佛家的禅定在理论和实践方面都别具一格。

禅定的本质

那么到底什么是禅定?禅定或许可以被定义为在受控方式的诱导下进入的意识的改变状态。其实禅定并无多少神秘之处,差不多就和醒着时的恍惚状态一样。醒时会做白日梦以及胡思乱想,如此便出现思绪内敛、凝观心相之举。有时候这些胡思乱想可以让人入迷,有点像开着一部汽车突然发现自己身处目的地,却对一路上的经历有着一种似有似无的感觉。吸毒造成的效果或许跟禅定的感受并无多少不同。

禅定和上述状态的主要区别在于受控程度以及体验深度和持久度的不同。禅定完全没有副作用——这就和吸毒完全不同了——更不会"走火入魔",其好处却是日积月累和持久的。清醒的时候,意识不断地出入恍惚状态。有人在出神时受到打扰,就会有神游"别境洞天"的感觉。禅定的目的并不在神游"别境洞天",而是在此时此地,故须完全清醒自觉。其目的在于"聚精会神",集中精神而不是心神涣散。正如一束激光分散时软弱无力,一旦聚焦则可削金断铁。或者,取声音而非光线作譬喻,禅定的目的就是将精神上的“静电干扰”加以屏蔽，以减少精神上的“窃窃私语”，以免消耗掉心理的能量。

禅定的修习

禅定理论认识到了灵与肉之间的密切联系，故此在使心灵完全入静之前，必先调理肉体。传统的禅定姿势是结跏趺坐（需要时可加用枕垫），拔背，微微低首，双掌抚膝。此式名曰“莲花坐”（75页图片就取此坐姿）。初学者或觉不太自然，稍加练习后便可坚持许久。此式可使坐禅者的呼吸深慢细长，久之便感到心旷神怡却又神思敏捷。修习禅定者可以任何姿势开始，但不可太过舒适，否则便容易入睡。要在睡眠中控制心灵无疑非常困难，不过也真有一种藏传修习方法称作“梦瑜伽”，是在神清智醒的睡梦中调理意识。

一旦以舒适的姿势安顿好自己，禅定的合适题材便已选定。佛陀当年出家求法，分别跟从两位禅师修习，可以想象他们所传授的——如何进入并且驻留在恍惚状态里——就是当时最典型的修习方法。禅师所言虽不能确知，却可能是要他关注呼吸或默诵真言。禅师或许还在几尺之外设置一件物体——可能是日用器物，诸如一盘、一钵、一花、一叶等等——嘱咐他细心研究，留意每一处细节，直至合上双眼依然可以在心中创造出栩栩如生的形象。设置这一物体的目的就是使之占据整个心灵，一直到主客体的区别意识彼此消融在意识的统一境界之中。

禅定之法当然不易掌握，因为人的心神往往飘忽不定。佛家经典常常将之比作猿猴（心猿意马）在树上游荡嬉戏，从一根树枝攀向另一根树枝。读者不妨试着全神贯注地读读本书的附图，比如73页上的“沙曼荼罗”，便可注意到真要做到心无旁骛是多么困难。故此只有靠不断修习和锻炼，方可做到执著而坚定地凝神静思，通常要花上几个月时间方可初见成效。修习禅定略同于练习乐器演奏，需要的是决心、毅力以及日复一日的苦练。

成效最终会体现在高度的定力、日渐增长的安详感以及内心的平静上，这些迹象都可以在日常生活中体验和感受到。心神不定、焦虑、怀疑和恐惧再也不会占据心灵，入定者变得更为心神合一，在此时此地就可体验到充实感。精熟于禅修者最终可抵达全神贯注的澄明之境，称作“三摩地”或“定”，这是一种完全不受任何干扰的心理状态。在先师的指导之下，佛陀曾经体验过两种特别高级的状态，它们后来就成为了佛家禅定体系的第七禅和第八禅。

禅或禅境

这一体系的基础就是禅。在初禅亦即最低阶段，心思散漫无章，充满“喜乐”。到了二禅，放逸之思渐退，代之以“定”以及高度的知觉感。三禅中的喜乐由清净所代替；而在四禅中，清净亦让位于“不苦不乐”。这些神秘体验似乎已经超越了语言范畴，故此很难找到恰当的言词来加以描绘。但是还是可以清楚看到，禅境越高，则益发精妙绝伦，初级和感性禅境下的某些情感如激动和狂喜之类，被更深刻和更精妙的定力所取代。如此抵达“心一境性”，在这种境界之中，心灵超然物外，全神贯注于冥想之物上，有如上文提及的激光一般。

到了四禅境界，修习者可以具备多种神通，大抵与西方习见的超感官知觉相类。其中包括察觉异地发生之事件的能力（天眼通）、听到远处声响的能力（天耳通）、回忆前生后世的能

	八禅	特征
	止观之获得	“即身成佛”(即以此身接触涅槃)
无色界	八禅	非想非非想处
	七禅	无所有处
	六禅	识无边处
	五禅	空无边处
色界	四禅	捨清净、念清净、不苦不乐(此境所生各种神通见下文括号中的内容)
	三禅	捨、念、正知
	二禅	无觉无观、定生喜乐
		有觉有观,定生喜乐
	初禅	离生喜乐

(千眼通、天耳通、宿命通、他心通以及神足通)

八禅及其典型特征

力(宿命通),以及了解别人心思的能力(他心通),乃至形形色色的特异功能,诸如飞天、履水、分身等等。这些能力的获得跟佛教其实并无多大关联,在印度传统之中被认为只要肯付出一定的时间和精力都很容易获得。尽管据称佛陀本人倒是具备这些能力，他却时不时地嘲笑那些不遗余力企图获得这些能力的人。他指出，与其穷尽毕生精力研习如何做到履水如地，不如雇请一位船夫！

在禅定的高级阶段，主要的身体功能逐渐减弱，呼吸几近停止。研究表明，此时大脑出现较多阿尔法波，意味着一种松弛的创造性状态。这时会出现许多异常感觉：通常有光感，还有四肢轻盈或漂浮的感觉。在禅定的高级阶段，据说通常由清醒意识所屏蔽的心灵的自然纯净状态终于显露无遗。意识在这种状态下，就像可以在能工巧匠的手中制作成奇珍异宝的有韧性和延展性的纯金一样。这种情况下的能工巧匠其实就是禅定者本人，一旦进入意识的深层状态，也就具备了重新塑造自己的能力。

后来的文献资料列出了四十种禅定题材。选择正确的题材需要技巧和眼力，导师的作用因而无比之重要。他可以评估学生的个性特点，从而为学生找到一个适合其个性和精神需要的恰当题材。举例来说，某人若耽于食色淫乐，就会被要求冥想自己的身体如何变化无常、如何无法逃脱生老病死而又如何不纯不善，只有这样才可以减弱对食色淫乐的依赖。另一方面，一个单纯而虔敬的人则会被要求冥想佛陀和他的功德亦即“佛门三宝”（佛、法、僧）。另外也有更为可怕的主题，例如在火葬场见到的烤成焦黑的甚至已经支离破碎的尸体之类。这种禅定的目的就是直面死亡，与此同时又可以帮助禅定者认识到好好利用通过轮回转生才获得的宝贵机会是多么重要。

四无量

众多禅题之中，最为习见者就是“四无量”，即慈无量、悲无量、喜无量以及捨无量。修习慈无量者，须以慈祥、友谊以及善心对待一切众生。禅修者初时即以自己为善心的对象。这一要求倒并非唆使人自恋，而是基于一种深刻的观察，因为人若爱人必先爱己。一个缺少自尊的人或自憎自厌者，很难全心全意地爱人。禅修者须时时客观审视自己的优缺点，时常自问：“我可以幸福吗?可以免除痛苦吗?”这样的话，他就可以逐渐扩展自己慈爱的范围，惠及别人，“如同一位高明的农夫标出地界，然后加以耕作”，逐渐把家族、邻里、家乡、邦国、民族，直至六道轮回里一切众生都包括在内。每有机会，他都可以回忆起他人对自己所施的恩惠，甚至前生往世的恩惠。这种普善之心的培养将心灵从褊狭和偏见之中解脱出来。禅修者开始以慈爱之心待人接物，直至一视同仁。其余三种无量之心亦同此理。通过悲无量心，禅修者认清他人的苦难；通过喜无量心，禅修者从他人的幸福和好运之中得到喜悦。捨无量心则保证了这些性情可以和周围环境相适应。

禅定与宇宙观念

由欲界、色界和无色界构成的三重佛家宇宙观之中，物质和精神世界相重叠。这个图式中的人类世界和诸天之中较低的层次都处在欲界的底部，而上文刚刚谈及的四禅天则在第二层亦即色界之中。分居色界各层的诸神则与抵达相应禅境的禅修者一样，处于相同的意识状态之中。如此一来则顺理成章地说明了通过禅修何以可能体验到天堂的情景。在四禅图式的基础之上，加上了四层境界，以便和无色界连接。这四层更高的或“无色”的禅定境界（之所以这样称呼，是因为在无色界中禅修者所思者纯为心相，无形无色）对应于另外四层最高的宇宙层级，转世再生就会在这里发生。

如此，在禅修者看来，佛家图式由八禅所组成，位于宇宙最上面的三分之二处。佛陀在首任导师的指导下，登上了第七层；而在第二位导师的指导下，抵达第八层即最高一层。有些典籍提到第九层即“灭尽定”，在这一境界中，一切心理活动完全中止，就连呼吸、心跳都停了下来。生命迹象几乎只剩下残余的体温。据说功力高深者可持续好几天，还可以在预定时间自然而然地恢复正常。这种情形最为接近在生时所能体验到的最终涅槃，由此被称为“即身成佛”。

内观心法

既然禅定如此有力，佛陀为何背弃师道?佛陀辞别师门的理由是，他逐渐认识到进入这样的禅定状态，无论多么喜乐安详，也只是一时之欢，并非解脱苦难的永久之途。禅天各境就和处在轮回之中的一切事物一样，转瞬即逝，不能持久。这些导师及其禅修之法缺少深刻哲理，因而不能洞悉事物的本质，而这才是彻底解脱所不能或缺的。

故此佛陀创造了一套全新的禅修之术来完善自己从师父那里学来的修习方法。在上文描述过的“止寂”（奢摩他）法之上，佛陀增加了一种新修法（“内观”）。这一方法的目的不是清净止寂，而是要激发出一种具有穿透力和批判性的明慧之心（“般若”）。在止的早期阶段（刚进入二禅），智力活动都已经停止，而在内观禅修时，修习目标恰恰是将批判功能充分调动起来，对修习者的心理状态进行巨细无遗的反思。修习时止寂和内观两种技巧在同一时段内通常交替地应用：先用止寂之法集中精神，然后以内观之法进行探究和分析。要想修习内观心法而不抵达初禅的止寂阶段是不可能的。

在内观心法中，修习者审察自身主观体验的每一方面，并将之分成四个范畴："身"、"觉"、"意"以及"识"。一个典型时段或可使意识随着呼吸传遍全身。每个细微感觉诸如刺痛、疼痛、瘙痒，乃至伸手抓痒痒的冲动等等都被注意到了。修习者却对这些冲动不作任何反应，因为修习的目的纯粹是为了注意身体的感觉如何起止，而不必作出通常为半自动的反应动作。通过学会观察却并不介入，那种用以解释人类大多数行为的刺激反应模式就被打破了。日积月累之下，修习者终于可以随心所欲地选择如何在任何情况下作出恰当的反应，而无论摁下哪一个按钮。积习造成的压力与强制性减弱了，并且被崭新的自由感觉所代替。这种反思会逐渐蔓延至全身，智力如外科医生的手术刀，将身体各个部分及其功能一一分解，从而使修习者逐渐认识到肉身不过是皮肉骨头、神经纤维、结缔组织的临时组合，绝不是什么值得人们如此迷恋的宝贵之物。

其次，注意力被引向情感涌现出来的地方。修习者留意到苦乐情绪的产生和消弭。这益发凸显出对无常的体认，益发令人意识到，即使这些似乎了如指掌的东西——诸如自己的情感之类——也是转瞬即逝的。再次，主体当时的情绪以及经常发生的情绪波动的基本性质和特点也都是观察的对象。最后顾及的是头脑中的思绪。禅修者必须抗拒诱惑，避免自己沉浸在白日梦和想入非非之中。相反，他只是简单地以超越的态度观察，听凭思绪和意象接踵而至，只当它们是蓝天上飘过的白云，或者杯中浮出的气泡。在超然物外的观照之下,他逐渐认识到自己的意识活动也不过是一个过程。人们多以为自己的精神生活就是自己真正的内在本质(或许会想到笛卡尔的名言:我思故我在),然而内观心法揭示了,意识流只是人生五阴相互作用的一个方面而已,并非“实相”。

并不存在一位隐藏的主体执掌所有这些形形色色的情感、感觉、情绪和意念等等,一切存在其实都是各自的体验,这一认识正是激发出顿悟的内观。绝无一个“具有”欲念的主体——这一认识减弱并且摧毁了欲求的存在,使它“像一株棕榈树一样,被连根拔起,再也不会继续生长了”。有过这种体验的人都会知道,这就如同千钧重负一旦放下:自我的喧嚣、虚荣、妄见、幻觉、欲念、失望全都沉静下来。这种结果并非某种斯多葛式的忍受顺从,因为情感并没有受到丝毫压抑,而是得到了解脱,不再受制于自我那种扭曲了的惯性牵引。他物开始更加全面地进入自己的情感领域。随着一连串自私自利的欲念和踌躇自得减退并且消失,取而代之的是深刻而持久的平和感和满足感。

小结

禅定极其重要,而且是修习八正道的关键步骤。通过端正人生态度,比如鼓励善行,运用止寂之法,最终得以培养出对他人的深刻道德关怀。在这种关怀的基础上,人们开始自然而然地为他人的福祉行事处世, 将他人的利益和福祉等同于自己的。佛家的金科玉律就是这样的:“众生平等,趋利避害,己所不欲,勿施于人。”若按照这条规则办事,就可以取得至善。通过分析理解和内观自省,智慧油然而生,开始明白何为苦、集、灭、道。

八正道中戒、定、慧三学犹如三角形的三条边。但禅定并非仅仅是通往善和智的手段：否则一旦达到目的就可以弃置不顾。佛陀成佛之后依然继续坚持修习禅定，故此可以断定禅修中所体验到的境界对于人类体验来说具有内在的价值意义。或可与游泳作一比较，人从游泳中学习游泳，学会之后也不停止游泳，反而更能从游泳中体会个中的乐趣和满足，以及享受由此而来的心旷神怡。

第八章

佛教伦理

法

“戒”是八正道的三学之首，是佛教修行的基础。戒的发展是定和慧的前提。要过上一种符合戒律的生活，就必须依“法”而行。“法”的概念含义颇多，但其潜在含义就是辖制着灵肉二界的普遍“法则”。法并非源自至高的神，亦非受到神的操控；诸神众灵本身亦臣服于法。在佛教中，这个概念既表示自然秩序——已如上述，亦表示佛家所有伦理宗教教义。两者之间隐约有着联系，因为佛教教义被认为合乎客观真实，并且紧扣事物本质。

法可以译作“自然法”，兼顾其几层主要意思：一切自然现象中可见的秩序和规则，以及普遍道德律令的观念（得道成佛之人如佛陀发现了其中的道德要求，须记住佛陀发现了“法”而不是创造了“法”）。生命的每一方面都受到法的辖制，自然法支配着日升月落、四季交替、星移斗转。在道德秩序方面，法彰显于羯磨规律之中，管理着人们所积聚的功德如何影响人们今生和来世的生活。依法而生者以其幸福完满获得救度为其果报，弃之者或逆之者则堕入再生之道（轮回）。

佛教的伦理要求在总体上跟印度的道德传统相同,也体现为责任。最基本的道德责任就是“五戒”,诸如戒杀生、戒偷盗(详见下页方框)。任何人都适用,绝无例外。一旦成为佛教徒,就必须举行受戒仪式,正式表示“采纳”(或接受)这些戒条,所用言词表明,所承担的义务完全出自自由和自愿的承诺。

善

尽管在佛教的道德体系中戒律占有重要位置,但道德生活除了循律守戒之外,还有更多内容。戒律并非为守而守,而是必须出于恰当的理由和正确的动机。这里,善的作用显得分外重要。总体上来说,佛教道德体系如同一枚硬币的两面:其一是戒,其二则是善。事实上所谓戒条,简单而言是一张清单,上面罗列着有德之人决不会做的事情。

早期经籍强调怡情养性和规行矩步的重要性,借此令道德操守变得自然自发,显示出正确的内在信念和价值观,而不仅仅是遵奉外在的戒条律令。有关守戒的许多阐述都清楚表明了这一点。经文中有关信守第一戒律的文字是:放下棍棒屠刀,慈心善待一切有情众生（D.i.4)。避免杀生故此成为以慈悲心认同一切众生的自然结果，而不仅仅是违逆自然倾向的拘束强制。为了完美地遵奉第一戒律,需要对众生之间的联系有深刻的理解(据佛家所言,在漫长的投胎转世过程中,众生互相成为各自的父母和子女),与之相伴的是普遍的慈悲和怜悯。尽管很少有人可以完善这些能力,但是对戒律的敬畏已经足以令他们习惯于这种生活方式,从而日渐趋近于明心见性。

正如亚里士多德所指出的,善关乎困难之事。善的任务就是反对负面倾向(或恶行),诸如傲慢与自私之类。稍后的经籍

佛家诸戒

佛教之中有着五套主要的戒律：

一、五戒

二、八戒

三、十戒

四、十善业

五、丛林清规

其中第一套即专为俗家弟子而设的五戒，最为人所遵奉，所谓五戒即：(一)不杀生，(二)不偷盗，(三)不邪淫，(四)不妄语，(五)不饮酒。佛家道德操守的核心在前四戒。根据修习者所处的果位或者不同仪典的需要而有更为严格的增补。例如，第五戒“不饮酒”被认为尤其针对俗家弟子，而八戒、十戒则是在五戒的基础上，增加了一些额外的限制，例如不非时食通常适用于圣日。丛林清规保存在律藏中的有二百余戒（根据教派不同数量有出入），详细规定了寺庙僧人的修行清规。

列出的诸多善恶都是从佛家“大善地法”（无贪、无瞋、无痴）里推论出来的，恰好就是上文所述三不善根（贪、瞋、痴）的对立面。无贪指离弃私欲，以免因为一己之私而玷污德行。无瞋则泛指善待众生，而无痴就是了解从四圣谛等教义中概括出来的人性以及人性之善。

不害

佛教伦理的基础就是不害众生。这一理想受到离尘绝世者（沙门）运动，如佛教和耆那教（沙门运动中的一支，其教义、教统大抵与佛教相类,但创建略早)的强烈推动,但也日渐影响正统教派。在印度自古以来的宗教祭仪中都起到重要作用的牺牲献祭遭到了佛教和耆那教的摒弃,其原因就是厌恶这种献祭方式的野蛮和残酷。部分因为此二教的影响,正统婆罗门教传统中的血祭祭品也逐渐被象征物如蔬果和乳品所取代。

在沙门中,不害众生的原则有时会被推向极端。例如耆那教徒经常小心翼翼,以避免伤害任何种类的小生灵,诸如昆虫之类,哪怕出于无意也不可以。这种做法也影响了佛教。佛教徒喝水时经常要过滤,就是怕无意中伤害了水中的小生命。他们亦会避免雨季时外出游方,以防无意中践踏雨中的虫蚁以及其他小生命。在某些佛教文化中,农事耕作不受赞许,其原因也就是担心动犁翻土时会不可避免地伤及生灵。不过一般说来,佛教所秉承的印度(亦指印欧)传统文化中不害众生的观念认为,故意或者疏忽所导致的杀生才是道德上的污点。

人工流产

那么佛家教义(如不害众生)会怎样看待当今世界上存在的道德两难问题(如人工流产)呢?佛教到底是“重生”(pro-life)还是“重选”(pro-choice)?佛教的重生信念清楚明白地为有关人工流产的争论引入了一个新的视角。至少它是把有关人工流产的关键问题——“生命到底是从哪一刻开始的?”——引向了一个全新的角度。对于佛教而言,生命是一个连续不断的过程,并不存在起始点。生死有如一扇旋转门,众生通过此门进进出出。然而,重生信念到底是增强还是减弱了人工流产问题的严重性呢?可以认为答案是减弱。因为所做的一切只不过是推迟了轮回再生这一过程而已。但是传统说法并不认同这一观点,反而认为对生命在任何阶段的蓄意杀伤都是错误的,尽管他或者她仍然会转世投胎。

尽管生命在某种意义上是一个持续不断的过程,但佛教也认为每一个生命作为具体的存在(此时此刻作为张三李四的存在)都有始终。从最早期开始,佛教经典就清楚地表明了人的个体生命始于受孕。这一观点至今仍在佛教界得到普遍接受。当然,古时贤达对胚胎学,尤其是受孕知之甚少;但他们认为胎儿成长是一个有着确切起点的循序渐进的过程,这一理解与现代科学没什么太大的不同。如果用排卵这样的现代科学发现来解释早期经籍,大多数佛教徒都会得出这样的结论:个体生命始于精卵结合的瞬间。故此在较传统的佛教国家如斯里兰卡、泰国等等,人工流产是非法的;除非是为了挽救母亲的性命这种有限的例外。亚洲其余地区的情况各不相同。在日本(佛教颇有影响,但并非国教),人工流产合法,而且每年约有百万余例。美国每年有一百五十万例,而美国人口是日本的两倍多。英国每年总共约有十八万例。

在承认人工流产意味着杀生的同时, 佛教也享有乐善好施、宽容豁达、慈悲为怀的名声。某些现代佛教徒尤其是那些居住在西方的人士,都感到在这个方面,现实问题比经籍中的依据更多。他们感到在某种情形下,人工流产是情有可原的。首先,早期经籍形成时的社会环境与现代西方对于妇女地位的看法大相径庭。女性主义作家早就注意到了传统社会的父权主义本质, 以及几个世纪以来对女性进行的习惯性的压制与束缚(有人则认为这两种说法毫无依据, 除非是在特定的时间和地点),引起争论的话题还有:人工流产的权利是否属于妇女解放的一部分?对于矫正不公平是否很有必要?赞成这种说法的佛教徒和支持妇女享有选择权的人可能会推荐世人采用冥想静思以及和佛家导师讨论的方法，使女性有可能探求自身的真实感情，从而在作出决定时可以无愧于心。

近几十年来，针对人工流产问题而出现的两难局面，日本佛教徒曾经提出过一个建设性的解决办法。日本的人工流产问题尤其尖锐，因为避孕药具未能广泛提供（显然是担心出现副作用）。由于缺少有效预防措施，高效（而且高利润）的人工流产行业应运而生，以处理意外怀孕的问题。面对由此产生的痛苦和恼恨，日本社会从自身的文化传统中发掘出了一种独特的仪典（"水子供养"）来纪念流产的胎儿。

这种祭奠仪式通常很简单，只需供奉一尊小型的地藏菩萨像，来象征失去的孩子。这尊佛像通常会饰以幼儿围涎，两侧放上玩具（见图11）。习惯上菩萨像会放置在家里或路边的小神龛中。不过近年来已经出现了专门的寺庙，可以提供各种供奉纪念。供奉仪式形形色色，大抵由父母有时也由家庭其他成员点燃香烛并鞠躬致意，有时还会诵念经文。仪式通常会定期举行（如流产周年）。具有公众性质的祭仪承认了已经失去的孩子，从而在情感方面帮助家人接受和面对现实。某些西方宗教人士有兴趣以日本的做法为榜样，他们在西方的教堂里发展出了一种类似水子供养的基督教仪式。或许这正显示出佛教开始影响西方文化的发展。

权利

既然已经提及义务，还没说到的就是权利了。诸如"选举权"、"生命权"以及（在安乐死的语境中出现的）"死亡权"等等，都是近来最惹人争议的话题。不过在早期佛典中，其实并没有

图11 代表流产婴儿的地藏菩萨塑像

任何一个词语跟西方人所理解的"权利"观念相应。在西方出现的权利观念是社会、政治以及理性发展的产物,在其他地方从未出现过。从18世纪启蒙运动开始,它就以法律和政治话语的方式占据了中心位置并且提供了一种灵活的语言,任何个体都可以用这套言词表达出对公平的要求。某种权利可以被定义为个人所有的、可以被行使的力量。这种力量被认为是一种利益或者是一种资格,允许它的拥有者对别人有所要求或者足以避免他人对自己提出要求。

如果佛教中没有权利意识,那么佛教徒在讨论道德问题时用权利这样的字眼是否合适?佛教徒也许会争辩说,权利话语之于佛教并非不合适,因为权利和义务总是互相联系的。权利可以被看作义务的反命题。若某甲对某乙有义务,某乙就处于受益者的地位,有权享有某甲履行义务的行为所带来的好处。

故此尽管在佛教典籍中没有明确提到权利这样的字眼，但在法之义务的概念中暗示了出来。若是一位国王有义务公平治国，那么则可以认为其臣民有“权利”要求公平待遇。泛言之，若任何人都有义务不杀生，则一切众生都享有了生存的权利；若任何人都有义务不偷盗，则所有人都享有使自己的财产不被无理剥夺的权利。如此说来，可以认为法中隐含了权利的概念。其实权利、义务就像两扇窗子，朝向共同的善（公平）而开启。

人权

现代人权宪章（例如1948年的《联合国人权宣言》）列举了不分种族、信仰的人类所有成员的基本权利。许多佛教徒认同这些宪章。人们经常可以听到佛教领袖表示赞同这些宪章和宣言所表达出来的基本原则。在这些权利当中，颇有一些在佛典中早已提及：譬如人有不被蓄为奴隶的权利可见于佛典中有关禁止生灵贸易的规定（A. iii. 208）。其他人权在佛教戒条中也有暗示。比如，人不受杀害、不受刑讯的权利其实也已经隐含在第一戒之中了。

只不过总体而言，传统经籍确实很少说到时下成为人权的问题。由于缺少明确的权利观念，这种局面本来也是意料之中的。但是佛教也必须解释，人权思想如何可能而且可以植根于佛教教义之中。首先，人权跟人的尊严密切相关。事实上，许多人权宪章确实也表明了人权源自尊严。很多宗教认为人的尊严源自这样一个事实：人是按照上帝的形象创造出来的。当然佛教并没有这样说过。正因为如此，（在佛教看来）要弄明白到底人的尊严源自何处也就很困难。如果不能在神学层面上追根寻源，则必须在人性层面上作出相应的探索。在佛教中，人的尊严似乎源自人人皆具有明心见性的能力，正如佛教传统中诸圣和佛陀本人的事迹所显示的那样。“佛陀”反映出了人所具有的潜力，体现了深刻的见识和慈悲——众生皆可仿效的品质——从中可以寻得人的尊严。佛教教义曾经指出，我们都是潜在的佛陀（大乘佛教某些派别将之表述为一切众生皆有“佛性”，或证悟得道的种子）。由于具有这种共同的悟道潜力，所有个体都值得受到尊重。故此为了公平起见，每个个体的权利也都应该受到保护。

僧伽伦理制度

佛家僧尼的日常生活由律藏规范制约。律藏是巴利文正典的一部分，亦是僧伽制度的概要。它描述了僧伽制度的缘起和历史、早期羯磨会议、僧伽教团事务的论辩以及僧伽传统制度的形成。律有二百二十七条规定，称之为“丛林清规”，其中详细规定了僧众应该如何共同生活。律在很多方面都近似于圣本笃律，圣本笃律于6世纪引入欧洲，用以规范基督教修士的日常生活。但律远较圣本笃律冗长。除了别的内容之外，它还解释了每条戒律在何种条件下被引入，以及一旦时移世易，如何加以修订等等。佛陀本人被看作戒律的创造者，尽管内部证据显示大多数戒律形成于佛陀圆寂之后，其中包括许多技术细节，比如穿着何种僧袍、如何结庐而居，以及床架离地的高度、卧褥的种类等等。

当然，除了这些繁复的日常生活细节之外，律亦体现出主要的道德戒条，例如不杀生、不偷盗、不妄语等等。在这些成规下，特别过失的有关记载从伦理角度来看是至关重要的信息来源。许多案例揭示了支撑这些教条的伦理原则，这是我们迫切想知道的。相反在佛陀的经论中，道德戒律通常极其简单而且说明极少。但在律中，则有可能更加清楚地识别出乖谬行为的本质。对律的评说与讨论是佛教最为接近道德哲学的地方，并为澄清许多伦理观点提供了最为需要的根据。

上述各种禅院戒条或会被看作道德戒条与自我约束方法相结合的产物。数量众多的律条保证了修院内部的标准化和程序化。如此则可将争议和意见不合减少到最低；于是，僧伽制度便成为道德化的小社会。

方便之法

大乘佛教伦理体系一个重要的创新之处就是方便之法。这个观念体现在佛陀说法的技巧之中，说明他能够使自己想表达的信念适应特定的话语环境。例如在向婆罗门说法时，佛陀经常会援引婆罗门的祭仪和传统来解释自己的教义，引导他们一步一步看清佛旨真谛。寓言、隐喻和明喻构成了佛陀说法技能的重要组成部分，巧妙地照顾到了听众的实际水平。

大乘佛教积极地发展这一观念，在《妙法莲华经》中明确表示，早期教义不仅是技巧性的传达，而且是根本上的“方便之法”。这一观念包含了一些伦理方面的内容。如果早期教义并非根本大法，而只是权宜方便之计，那么说法之中所包含的清规戒律也就只具有临时性。清晰和严格的戒律常见于严禁某类行为的早期经典之中，也就更应该被解释成早期阶段的成员如何立身处世的指引，而非最终的拘束限制。大乘佛教新设立的道德楷模菩提萨埵可以基于他们对悲悯之重要性的认识，提高道德水准和变通性。菩萨发愿普度众生，而且有证据显示，对于许多似乎会阻碍菩萨执行使命的戒条律令，他表现出了不耐烦。

为普度众生,有时候需要歪曲或取消戒律。这一压力致使某些经文专门为了菩萨设置了一些新的行为规范,以便在必要时可以破戒。在极端情况下,为了防止犯下滔天大罪(例如杀害有道之人)甚至可以杀生,因为在那种情况下,害人者会遭到天谴。再比如打诳语等一些破戒行为在某些例外情境中也被认为是情有可原的。

但是这种“新道德”到底偏离传统观念多少,这一问题并不十分清楚。举例来说,如果杀死一个攻击者是阻止他犯下谋杀罪的唯一方法，那么这种方法是否违背第一戒律就颇可争议。一如既往,动机的判断是最重要的。在这个例子中,动机或许是阻止攻击而不是剥夺生命。只要使用的暴力可以在最低程度上阻止攻击,那么致命的暴力作为最后的手段也是可以得到认可的,只要其动机是为了保护生命而不是毁灭生命。在另外一些例子中,一旦较新的“权宜”之计或会导致明显的违规破戒,就不能总是得到其他经典的支持。大体上看,无论早期、晚期的佛教传统都认为主要的道德戒律如戒杀、戒盗、戒妄语、戒淫、戒色等等都表达了法的要求,是普适而绝对的,正如人权宪章中所宣示的义务一样。

随着佛教在西方广泛传播,佛教的伦理性和律法性可能会变得日益重要。它将如何适应和影响西方的伦理制度和法律体系,将是当今世界文化体系互相碰撞时一个最为引人入胜的方面。这也将是下一章的论题。

第九章
佛教在西方

早期接触

尽管佛教传播遍及亚洲，可是西方对其存在几乎一无所知,直到近代这种局面才有所改变。阿育王派去西方的早期佛教使团并无太大收获,史册也很少记载西方访客曾经到过古代印度。

亚历山大大帝在公元前4世纪远征亚洲直达印度河，到了今天的巴基斯坦境内。公元前326年,亚历山大横跨印度河,旋即折返西行,不久即在公元前323年死于巴比伦。亚历山大庞大帝国的东部继承者塞琉古与印度境内的孔雀王朝（公元前321—前184)面临纷争。公元前303年,双方最终订立和约,希腊派出使臣出访月护王朝廷,月护王就是阿育王的祖父,见面地点是在孔雀王朝的首都波吒利弗(今名巴特那)。由这些最初接触开始,希腊人口中有关“裸体苦行僧”的印度圣人的传说开始在希腊地域流传。但是有关印度宗教的详尽知识仍付阙如,而且传说大抵是奇迹,例如把脑袋放在腋下行走之类。总而言之,可以说古典世界对于佛教一无所知。

13世纪马可·波罗横穿中亚抵达中国。这次旅行使他开始了与大乘佛教的接触。他是这样来写佛陀的："不过可以肯定，他若是接受洗礼成为一个基督徒，准能跟我们的主耶稣一样，成为一个大圣人。"差不多与此同时，一个传说故事《巴拉姆和约瑟法》成为中世纪最流行的话本之一，尽管中世纪读者未必知道，这个传说故事是根据此前一千年的佛陀生平事迹编写出来的。"约瑟法"其实就是"菩提萨埵"的讹音。

直到1498年葡萄牙人发现通往印度的海上航道时，东西方持续沟通的可能性才真正出现。但亚洲诸多富庶帝国的子民对欧洲人兴趣甚少，因为他们来自遥远而且人烟稀少的陌生大陆。在他们看来，最初来亚洲的欧洲访客更想要发现黄金宝藏，或者让人们改宗信仰基督教，而不是研习异教。尽管16世纪以来，在中国或日本和佛教相遇过的耶稣会修士对此感到好奇，但一直要到19世纪中叶对佛教的兴趣才真正产生，有关佛教教义的详尽介绍才刚刚面世。

佛教知识的传播有三条主要渠道：西方学者的辛勤介绍；哲学家、知识分子、作家以及艺术家的著作；还有就是亚洲移民，他们带着各派教义前往美洲和欧洲。

学术性研究

随着欧洲殖民官吏——他们当中不少人是业余学者——陆续被派驻亚洲各地，对佛教的学术兴趣在殖民时期得到长足发展。最早得到研究的早期佛典是大乘佛教的梵文手稿，由英国人B. H. 霍奇森在尼泊尔搜集得来。另外一位英国公务员研习上座部佛教也卓有建树，他就是T.W.里斯·戴维斯（1843—1922）。他在斯里兰卡居住时对佛教产生兴趣，并于1881年创立了巴利文经卷学会。这个学会至今尤存，成为出版经卷文字和译述巴利文佛教文献的中心。

来自多国的专业学者在向西方译介佛教时起到了举足轻重的作用。1845年，法国人欧仁·比尔努夫出版了著作《印度佛教史引论》，之后七年又译出《妙法莲华经》。海尔曼·奥登伯格1881年出版的《佛陀其人、其学说及其教团》一书令德国人对佛教兴趣大增。将近19世纪末，美国人亨利·柯拉克·沃伦出版了《佛学译文集》(1896)，这是由巴利文正典译出的经文选集，时至今日仍然广受关注。差不多与此同时，首届世界宗教大会于1893年在芝加哥举行，旨在让世界上不同信仰的代表人物共聚一堂，探索彼此的共同基础。其中佛教的代表人物包括斯里兰卡的达摩波罗上座(1864—1933)，他的演说和公众会议令人印象深刻。在下一个十年里，他又两次到访美国并且创建了总部设在加尔各答的第一个佛教国际组织大菩提会的美国分会。这是在西方建立的第一个佛教组织。世纪之交后不久，对佛教的关注从南传部派扩大到利用中国的文献对大乘佛教所做的研究。伟大的比利时学者路易斯·德·拉瓦利·布桑和(稍后的)艾蒂安·拉莫特在这个领域里作出了巨大贡献。还必须提及的是日本僧人铃木大拙(1870—1966)，他的演说和深具影响的著作极大地推动了西方对佛教禅宗的理解和认识。

哲学、文化和艺术

佛教进入西方的第二条途径是经过哲学、文化和艺术。德国哲学家阿图尔·叔本华(1788—1860)是第一位对佛教产生兴趣的重要西方思想家。由于缺少可靠资料，叔本华对佛教只有一知半解，认为佛教印证了自己多少有点悲观的哲学理论。在他看来，所有世界宗教中，佛教最为理性，发展得也最合乎道德。他接二连三在著作中提及佛教，引起了19世纪后半叶西方知识分子对佛教的关注。

1879年在英格兰，埃德温·阿诺得爵士（1832—1904）出版了著名诗作《亚洲之光》。它以曲折动人的风格描述了佛陀的生平事迹和教诫，在维多利亚时期大西洋两岸的中产阶级人士当中广为流传。阿诺得是位基督徒，但他在耶稣和佛陀各自的教诫中看到了许多共同之处。1885年，他走访了位于菩提伽耶的佛陀证悟之地，并且筹募资金重修了当时已经颓败的佛教遗址。与此同时，维多利亚时代的朝野人士对超自然事物的兴趣达到了顶峰，1875年，亨利·奥尔科特上校（1832—1907）和勃拉瓦茨基夫人（1831—1891）创建了通神学会，其宗旨是揭示出据信隐藏在一切宗教学说核心部分的密传奥义。东方宗教受到主要关注，佛教成了沙龙聚会上研究和讨论的热门话题。

德国小说家赫尔曼·黑塞经常在写作中援引佛学主题，尤其是在1922年出版的小说《悉达多》之中，这部小说后来被译作多种语言。战后则有杰克·凯鲁亚克的小说《达摩流浪者》和《在路上》在"垮掉"的一代中风靡一时，并为后几十年里的反文化运动提供了灵感。倡导折中主义的思想家和哲学家艾伦·沃茨写了一系列有关禅宗的书，也很受读者欢迎。但任何单本著作都不如罗伯特·M. 佩尔西格的《禅和摩托车保养艺术》（1974）更有名——尽管它更关注的是西方哲学而不是禅。这本书使得这个佛教派别，起码是它的名称在西方广为人知。电影界在将这个观念融入西方文化时也起了重要作用。20世纪70年代，根据黑塞的小说《悉达多》拍成的电影在大学校园广受欢迎。

佛教徒的迁徙

佛教学说传入西方的第三条途径就是移民迁徙。这一现象在不同方面影响了欧美。大多数佛教徒迁徙的目的地都是美国，早在19世纪60年代已经开始有中国劳工来这里修筑铁路或者淘金。早在1898年，在夏威夷正式成为美国的属地之前，就有来自中国和日本的移民在此地定居。近几十年来，大批来自印度支那的移民随着越战结束而拥入，来自东南亚的差不多五十多万佛教徒从此定居美国。在移民社区中兴建寺庙成为一种风气，移民借此来维护自己独特的文化身份，而并非为了传教。一两代之后，一种和主流社会交往的模式发展出来。来自不同文化背景的个体以“佛教徒”的身份相聚一堂，而不再只是某个独特族群的成员。

尽管英国也吸收了大量亚洲移民，但他们大都来自印度次大陆，多为印度教徒或者穆斯林。在英国，来自印度支那的难民大约有一万九千人，在德国两万两千人，在法国则有九万七千人。欧洲的佛教徒大都是改宗佛教的高加索人而并非保留自己原先信仰的移民。要说出准确数字固然困难，但在英国，差不多有一百来个藏传佛教中心、九十来个上座部佛教中心、大约四十个禅宗中心，再加上一百来个其他各种各样的组织、团体（包括“西方佛教僧团之友”）。欧美地区的改宗佛教者绝大多数来自中产阶级。

佛教的主要部派现在都已经在西方立足，但要统计出增长数据仍然很困难，有关资料提供的数字也千差万别。查尔斯·普雷比施在他的开创性研究《美国的佛教》一书中估算过，1979年全美的佛教徒约以十万计。过了不到十年，在1987年召开了全美佛教徒大会，同年创立了一个由四十五个附属团体共同筹建的组织实体，估计人数在三百万到五百万之间。虽然没有做过全美范围的佛教徒及其组织的普查，但根据普雷比施的估计，类似的组织不下一千个。在西方别的地方，佛教也越来越受欢迎，虽说佛教在欧洲的发展不如在美国那样惹人注目。据估计在欧洲的佛教徒超过一百万，其中二十万在英国，在法国也有相同的数目。

在西方的佛教部派

至今为止，佛教已经向西方呈现出诸多不同的面貌。最能吸引广大信众的首推禅宗，第二次世界大战后禅宗开始在美国广为流行。许多美军士兵在驻守日本的时候接触到了日本文化。禅宗在美国很受欢迎，禅宗强调自然而然、见素抱朴以及个人直接体验的做法与战后美国的文化潮流一拍即合。禅宗的反偶像崇拜和反权威精神也吸引了20世纪50年代“垮掉”的一代和20世纪60年代的“嬉皮士”。那些试用迷幻药和其他致幻剂（如墨斯卡灵）的人，经常借此寻求一种“灵魂出窍”的体验，以为所谓证悟亦当如是。

除了禅宗之外，日本佛教的其他派别也在西方得到广泛传播。其中最早传入也最流行的是“净土宗”，它于1988年在火奴鲁鲁创建。许多早期移民美国的日本人都是这个宗派的信徒，几十年间，这个宗派的成员构成了日裔美国佛教徒的主体。近期欧美地区成长最快的佛教组织是“国际创价学会”，它本来是日莲宗的一个俗众团体，但在20世纪90年代早期已经分立出来。国际创价学会大量吸收改宗者，信众日增，多少有点像孜孜不倦传播福音的福音派基督教。其教义认为任何人都可以心想事成，只要心态积极，经常诵念“南无妙法莲华经”（向《妙法莲华经》的真法致敬）。事实证明这种态度在认同佛教积极方面、肯定现世生活的人群当中很流行。摇滚歌星蒂纳·特纳也是这个宗派的成员。

藏传佛教与禅宗的风雅和素朴大不相同。藏传佛教的礼节、符图、仪式等等，都能够激发出一种强烈的心理感觉，即鲁道夫·奥托所谓“敬畏而又向往”的宗派激情，或对超自然事物和神秘怪异本质的领悟。通过念诵真言，铺设放置曼荼罗、神秘符图、仪典法器、香烛烟火以及鼓号铙钹产生的惊心动魄的声响来激发这种宗教激情。经过一系列等级分明的引入仪式，教义逐渐得到揭示。依照西方人的想象，中国藏地是东方神秘主义的中心。若有机会遇上来自中国藏地的本土导师，有机会参加一种古代文化的祭仪，真是西方人朝思暮想的事情。他们眼中的西方文明正在日渐丧失其精神内涵。佛教和人文心理学的合作潜力很大，佛教很可能由这个方面进入西方主流文化。

如上所述，在美国常见的中国佛教宗派大多由移民引进。1962年，来自香港的三藏法师宣化抵达旧金山市，并于1968年创建中美佛教会。不久，大多数的协会成员已是白种人，而且该组织搬迁到北加州“万佛城”更大的总部里去了，那里兴办了一所佛学院以及禅院戒律的修持机构。西半球最大的佛寺是洛杉矶的西来寺，它的总部在中国台湾。

1966年，美国的首个上座部佛教组织在华盛顿特区建立，时下已经发展成为二十几个修院，住满了来自斯里兰卡、缅甸、老挝、泰国、柬埔寨和美国的僧人。上座部佛教在英格兰已有百年历史，其作风低调，并且钟情于简单的行事方式多过于出人头地，故其形象并不张扬。上座部是最先进入西方文化视野的佛教部派，正如万事万物周而复始，它似乎也正在经历一次某种程度上的复兴。对上座部经卷用语巴利文的兴趣逐年增加，巴利文正典电子版的问世更激发了人们的研究兴趣。活跃的上座部研究中心纷纷涌现，例如英格兰赫默尔亨普斯特德附近的阿摩罗婆提佛教中心。该中心创建于1985年，主持者是美国僧人阿旃·苏密陀，他是泰国僧人阿旃·察的门徒。

佛教的流行

佛教在西方何以如此流行?原因很复杂，既跟西方的文化史也跟佛教本身的魅力有关。西方那些五花八门的佛教“读本”历来畅销，其中所讲述的多是西方社会瞬息万变的风尚，而不是佛教本身。西方对佛教最为流行的一种解读视其为理性哲学。就此来看，西方社会的发展氛围对佛教有利。自从18世纪启蒙时代以来，西方社会占据统治地位的文化影响是科学和世俗自由主义。佛教“作为”一种理性哲学似乎可以使两者兼容，至少比起这两者与西方正统宗教之间的关系来说，更是如此。科学发现和理论(如进化论)已经在挑战许多传统基督教教义，而且，现有宗教为了捍卫那些不证自明的“真理”而进行的长期论辩也只会令其变得更加教条、更加非理性、更加落伍。神祇的非人格化是佛教的另一特点，它使现代人更易于接受佛教。

佛教教义很少直接与科学发生冲突，佛教理性主义的支持者早就对这样的教义作出了寓言式的解释。佛教世界观比传统基督教世界观要开阔一些，佛教似乎与现代宇宙哲学暗合而非互相抵触。近年来的科学发现如量子物理学等等，显示出正在形成的关于现实的科学观点与佛教哲学的描述并无多少不同。

有关著述如弗里约夫·卡普拉的《物理之道》(1976)揭示了理论物理学的观念世界与东方思想之间有趣的相似之处。

甚至连投胎转世——或许是西方人最难接受的佛教观念——也在研究中得到了一些经验性的支持,如美国精神病理学者伊恩·斯蒂文森所进行的研究,特别是在他的著作《投胎转世迹象二十例》(1974)当中。投胎转世的信念在许多文化当中都广泛存在。在后基督时代的西方,这一信念再度成为通俗文化的组成部分。不少人在催眠状态下进行回归往生的实验,宣称可以回忆起往生。不管其真实性究竟如何,投胎转世这一观念本身就足以令人想入非非,并且增添了一个令人感兴趣的人生视角。

投抬转世的含义之一是个体可以化身为不同物种,例如人何时转世投胎成为畜类,反之亦然。这就为人与宇宙万物的关系提供了一个全新的视角,跟时下的生态学理论不谋而合。

佛教与其他西方主流意识形态(如世俗自由主义)似乎也很和谐。佛教的非教条态度甚至要求自己的信徒不要不加批判地接受教义,而是要根据自己的体验对教义加以检验。尽管它也要求信众在开始阶段诚心地接受基本教义,并且采取一种积极而开放的态度,但它更多地是要求领悟,而不是接纳一套僵死的教义。事实上,佛教很少强迫信众去告解和参加仪式,或者提出诸如此类的要求。这就使得一个佛教徒可以很容易地生活在多元化的生活环境之中,把与世俗价值的冲突减到最少。或许,正是佛教的这一方面解释了它何以会在政教分离的美国如此大受欢迎。

佛教在伦理道德领域里亦是较为自由开放和积极进取的。它的道德教条并不是以“汝勿”如何如何之类的强制性戒律来表达的，而是像一些理性原则一样，只要遵守这些原则，便会走向既属于自己也属于他人的幸福。佛教对不同观点的宽容也与西方宗教史上某些黑暗年代的情形形成反差。当时人们用迫害和酷刑来清除异教徒。那些对主流宗教教条式的说教不以为然的西方人经常视佛教为同道，在其中可以找到自己的宗教目标。禅定也有很强的吸引力，它可以提供一些实用方法，以减轻压力和缓解一些身心问题。

佛教现代主义

佛教可以和当代主流意识形态和睦相处，这无疑帮助了佛教在西方的传播。但是本节标题“佛教现代主义”却掩盖了早期佛教的某些特征，这些特征与西方当代意识之间并不是那么融洽无间。相信神迹与真言、咒语、法术的魔力，只是其中一些例子。相信冥冥中存在着众多神灵居住的国度和羯磨看不见的力量，则是佛教另外一些重要的基本信念，自古至今从未改变。

有关妇女地位的佛教传统观念也易受诟病。许多女性主义者认为一切宗教皆为父权制的、天然压迫女性的，但说及佛教时，则情形更为复杂。佛教是传统亚洲社会的产物，在其中，妇女往往被认为是男人的附属品。很大程度上由于这一文化背景，佛教被定义为“男性中心的”或许不算过分，很多佛教典籍确实倾向于将转生投胎成为女性看作某种程度的不幸。这与其说是公开歧视，不如说是反映了这么一个事实：在某些亚洲文化之中，妇女的命运一直不是——甚至仍然不是——令人称羡的。然而，单凭这一点就来概括亚洲文化或许是错误的。与现代之前的欧洲相比，在缅甸这样的国家里，妇女地位无论在法律上还是在现实的其他方面，都远较西方为佳。而且佛教并不认为除了社会因素以外，妇女的精神进步还会有任何别的障碍。佛教确实是最早建立比丘尼制度的宗教之一。尽管佛陀开始时不情愿这样做，或许他当时觉得社会对如此创新的举动尚未做好充分准备。

从哲学观点来看，许多重要的佛经都曾经指出过性别和其他所有自然属性一样，并非实相。佛教哲学观由此根除了性别歧视。尽管在哲学层面上，佛教可以接纳两性平等的观念，但它仍然需要修订某些传统祭仪和风俗，以便适应当前西方已经蔚成风气的两性自由交往。有个叫作“释迦提达”（佛陀之女）的组织，是所有女性佛教徒的国际联合会，它团结了不同国家、不同文化传统之下的妇女信众。

佛教的启蒙？

佛教与西方思想之间依然存在着可能产生冲突的其他方面，现代主义的阐释者往往掩盖两者之间的许多差异，而不是正视它们。故此所谓“佛教启蒙”就是要对佛教的智慧基础进行系统的现代化，以便针对现代人的生存困境发展出一套清晰而能够自圆其说的教义。十年来，一场基础广泛的“献身社会佛教”的运动尝试着提出了一些社会、政治以及伦理道德方面的问题。基于越南僧人一行禅师的教义，这个运动想方设法利用古代的教义来回应现代生活的挑战。这绝非易事，因为佛教产生于现代时期之前，没有经历过时下西方社会所面对的问题。半个多世纪之前，佛教文化最重要的中心之一中国西藏，曾经政教合一，几乎与世隔绝。亚洲其余地区的佛教大体上适应村庄和寺庙共生的农业社区的需要。在那种环境里产生的问题与西方社会城市居民所面对的问题不同，西方城市里不存在宗教和道德的一致，个体像独立原子单位一样我行我素，而非血缘关系网络中的一个点。佛教如果能自我创新以适应西方社会，就能成为一股主流的宗教势力。

西方特色的新佛教?

“为什么不应该及时出现一种西方的佛教，一种非大乘非小乘而是‘新乘’的佛教……并非刻意，而是悉听自然，和别的部派一样，从佛教的根基上成长起来，记录佛陀的证悟得道?没有理由不能顺利地一起发展，哪怕其中掺杂西方科学、心理学以及社会科学中的精华。这样就可以影响不断变化的西方思想。它既不是上座部佛教，也不是禅宗……我们不知道它会是什么，现在也不必计较它会变成什么模样。法是永恒的，而法式须随着人不断变化的需要而改变!”

以上引文的作者是英格兰佛教协会的创会主席韩福瑞(1901—1983)，选自他的著作《英伦佛教六十年》第80页。

佛教所面临的困境并不是独一无二的，其他宗教体系的近期发展都有过类似的遭遇。如果佛教内部保守和激进派别之间的差异导致分裂，那就跟犹太教正教和自由派之间的分裂一样。历史或会重演，佛教西传或会再次触发公元前3世纪自由派和保守派之间出现的“部派大分裂”。曾有组织(英国的“西方佛教僧团之友”)意图发展出一种明显西化的佛教。该组织的成员过着集体生活，致力于发展一个按照佛教教义准则运作的新型社会。

信息技术近来的发展是影响佛教传播的另一个因素。在美国，由电脑连接起来的佛教组织“赛博僧伽”的出现，以及通过电子媒介如《佛教伦理学期刊》提供有关佛教信息的在线服务，都意味着遍及全球的个体可以通过互联网络进入一个前所未有的“虚拟的”佛教社区。尽管有环球资讯网络的存在，但要减少盲人摸象时所产生的误解（见第一章），依然任重道远。

历史学家阿诺得·汤恩比将佛教与西方的相遇形容为“21世纪最大的碰撞之一”。在这样的文化合流之中，佛教带来的是复杂的心理学、禅定技巧、深刻的形而上学以及受到广泛赞扬的伦理准则。西方带来的则是怀疑论的经验主义、实用的科学技术以及对民主和个人自由的崇尚。如果佛教向其他文化传播的历史有什么值得记取的教训，那就是，崭新而个性鲜明的佛教形式将在这次相遇中诞生。

年表

公元前

604年	老子在中国诞生
约566—486年	佛陀生卒年的一般说法
550—470年	孔子在生
约490—410年	根据近年研究确定的佛陀生卒年新说
约410年	佛教第一次大会
326年	亚历山大大帝横跨印度河
约325年	佛教第一次部派大分裂
323年	亚历山大大帝卒
约321—184年	孔雀王朝
约268—239年	阿育王在位
约250年	长老部派出现分裂 阿育王派出弘法使团 佛教由阿育王之子摩哂陀传至斯里兰卡
约80年	佛经巴利文正典在斯里兰卡写定

公元

约公元前100—公元100年	大乘佛教兴起
	佛教传至中国
约100年	佛教传至柬埔寨
约150年	佛教传至越南
	中观学派创始者龙树诞生
约200年	《妙法莲华经》传世
约250年	瑜伽行派兴起
约400年	《维摩诘经》传世
	佛教传入缅甸(一说更早)
	佛教传入高丽
约450年	印度西北遭白匈奴入侵
400—500年	觉音菩萨在生
	巴利文正典之论藏写定
500—600年	密传佛教(金刚乘)形成并发展
	佛教传入日本
618—907年	唐朝(中国)
600—700年	佛教传入中国西藏
794—1185年	平安时代(日本)
900—1000年	突厥部族入侵印度北部
约1000年	佛教传入泰国(一说更早)
1044—1077年	阿奴律陀(缅甸)在位
1185—1333年	镰仓幕府时期(日本)
1173—1262年	亲鸾在生
约1200年	那烂陀寺最后一次遭到洗劫

约1100—1200年	禅宗经由中国和高丽传入日本
1222—1282年	日莲在生
1200—1300年	佛教在印度灭迹
	马可·波罗游历中国
1287年	蒙古人迫害异教徒(缅甸)
1357—1410年	宗喀巴在生
约1850年	西方开始对佛教产生兴趣
1881年	巴利文经卷学会创立
1907年	大不列颠和爱尔兰佛教协会创立
1987年	美国佛教大会创立

索引

（条目后数字为原文页码）

A

B

C

D

N

O

P

R

S

Y

Z

Damien Keown

BUDDHISM

A Very Short Introduction

Contents

List of Illustrations

Acknowledgements

In writing this book I have benefited greatly from the suggestions of students, colleagues, and friends. The students who took my course on Buddhism at Goldsmiths College in the session 1995–6 cheerfully acted as guinea pigs while I tested draft chapters. I can only hope that the experiment was not too painful. I have also benefited greatly from the cumulative knowledge of my colleagues Lance Cousins, Peter Harvey, and Charles Prebish, who were generous with their advice and steered me away from errors and oversights. Any that remain are my own responsibility.

Finally, it gives me great pleasure to thank George Miller of OUP for his advice, support, and encouragement in seeing this project through from inception to publication. My gratitude also to Rebecca Hunt for her skill in making the production process so smooth and efficient. No author could have wished for more professional editorial support.

DAMIEN KEOWN

Note on Citations and Pronunciation

From time to time the reader will encounter references in the form D.ii.95. These are references to Buddhist scriptures, specifically the Pali Text Society editions of the early Buddhist canon. The key to the reference is as follows. The initial letter refers to one of the divisions (*nikāyas*) into which the Buddha's discourses (*suttas*) are collated.

D	*Dīgha Nikāya*
M	*Majjhima Nikāya*
A	*Aṅguttara Nikāya*
S	*Saṃyutta Nikāya*

The Roman numeral (ii) denotes the volume number, and the Arabic numeral (95) denotes the page number. Thus the reference D.ii.95 is to volume two, page 95, of the *Dīgha Nikāya*. A small number of references with the prefix *Vin* will also be encountered. These refer to a division of the Pali canon known as the *Vinaya* or Monastic Rule, which contains material relating to monastic life. Translations of the entire Pali canon have been published by the Pali Text Society. Other, more recent, translations are also available and are mentioned in the section on 'Further Reading' at the end.

Language and Pronunciation

Buddhist texts were composed in and translated into many languages including Pali, Sanskrit, Tibetan, Thai, Burmese, Chinese, Japanese, and Korean. The convention, however, is to cite Buddhist technical terms in either their Pali or Sanskrit forms. In this book I will generally use the Pali form, except where the Sanskrit form has become established in English usage, as in words such as 'karma' and 'nirvana'. Transliterated versions of proper names which are common in the secondary literature (e.g. Ashoka) will also be retained. Sanskrit and Pali equivalents for the most important terms will be shown in brackets.

Transliteration from Sanskrit and Pali requires the use of diacritics such as in the letters 'ā' and 'ṃ' seen above, since the twenty-six letters of the English alphabet are insufficient to represent the larger number of characters in Asian languages. A horizontal line (macron) above a vowel lengthens it, such that the character 'ā' is pronounced as in 'far' rather than 'fat'. For the most part the other marks do not affect pronunciation enough to be of any concern, with the following exceptions:

c	pronounced 'ch' as in 'choose'
ś or ṣ	pronounced 'sh' as in 'shoes'
ñ-	pronounced 'ny' as in Spanish 'mañana'

A dot beneath a consonant (ṭ, ḍ, etc.) indicates that the tongue touches the roof of the mouth when pronouncing these letters, to give the characteristic sound of English when spoken with an Indian accent.

Chapter 1
Buddhism and Elephants

The Buddha once told the story of the blind men and the elephant (*Udāna 69f.*). A former king of the town of Sāvatthi, he related, ordered all his blind subjects to be assembled and divided into groups. Each group was then taken to an elephant and introduced to a different part of the animal – the head, trunk, legs, tail, and so forth. Afterwards, the king asked each group to describe the nature of the beast. Those who had made contact with the head described an elephant as a water-pot; those familiar with the ears likened the animal to a winnowing-basket; those who had touched a leg said an elephant was like a post, and those who had felt a tusk insisted an elephant was shaped like a peg. The groups then fell to arguing amongst themselves each insisting its definition was correct and all the others were wrong.

The study of Buddhism over the past century or so has resembled the encounter of the blind men and the elephant in many ways. Students of Buddhism have tended to fasten onto a small part of the tradition and assume their conclusions held true about the whole. Often the parts they have seized on have been a little like the elephant's tusks – a striking, but unrepresentative, part of the whole animal. As a result, many erroneous and sweeping generalizations about Buddhism have been made, such as that it is 'negative', 'world-denying', 'pessimistic', and so forth. Although this tendency to over-generalize is now less common, it is still found in some of the older literature where authors tended to exaggerate certain features of the tradition or assume that what was true of Buddhism in one culture or historical period held good everywhere.

The first lesson the story of the blind men teaches us, then, is that Buddhism is a large and complex subject, and we should be wary of generalizations made on the basis of familiarity with any single part. In particular, statements which begin 'Buddhists believe . . .' or 'Buddhism teaches . . .' must be treated with circumspection. We need to qualify them by asking *which* Buddhists are being referred to, *which* tradition of Buddhism they follow, *which* school or sect they belong to, and so forth, before these statements can be of much value. Some scholars would go further, and claim that the transcultural phenomenon known to the West as 'Buddhism' (the word 'Buddhism' only became established in Western usage in the 1830s) is not a single entity at all but a collection of subtraditions. If so, perhaps we should speak of 'Buddhisms' (plural) rather than 'Buddhism' (singular). The tendency to 'deconstruct' Buddhism in this way, however, is probably best seen as a reaction to the earlier tendency to 'essentialize' it, in other words to assume that Buddhism was a monolithic institution which was everywhere the same. The middle way here is to think of Buddhism as resembling the elephant in the story: it has a curious assembly of somewhat unlikely parts but also a central bulk to which they are attached.

A second lesson we might learn from the story – one less obvious but no less important – is that there are many kinds of blindness. Experiments in visual perception have shown that the mind has a great influence on what we see. To a large extent human beings see what they expect – or want – to see, and screen out material which does not fit their model of reality. In different cultures children are brought up to see and understand in different ways, which is why alien customs often seem curious or strange to outsiders but quite natural to members of the culture concerned. When dealing with other cultures, it is easy to project our own beliefs and values and then magically 'discover' them in the source material. Buddhism thus becomes exactly what we hoped (or feared) it would be. Even experts are not immune from anachronistically 'reading back' their own assumptions into the data, and many Western scholars have interpreted Buddhism in ways which clearly owe more to their own personal beliefs and upbringing than to Buddhism itself.

Apart from the susceptibility of individual perceptions to subjective influences of various kinds, there is also the risk of cultural stereotyping which arises in any encounter with 'the other'. Contemporary writers such as Edward Said have drawn attention to the West's tendency to construct in its art and literature an 'Orient' which is more a reflection of its own shadow-side than an accurate depiction of what is really there. There is no need to accept Said's elaborate conspiracy theory to the effect that the West stereotyped the Orient intellectually as a prelude to colonizing it politically to realize that in approaching the study of other cultures we cannot help but be influenced by residual attitudes and assumptions within our own culture of which we are barely conscious. In connection with the study of Buddhism, then, we must be alert to the risk of 'culture-blindness', and the misunderstandings which can arise from the assumption that Western categories and concepts apply to other cultures and civilizations.

Is Buddhism a Religion?

Problems of the kind just mentioned confront us as soon as we try to define what Buddhism is. Is it a religion? A philosophy? A way of life? A code of ethics? It is not easy to classify Buddhism as any of these things, and it challenges us to rethink some of these categories. What, for example, do we mean by 'religion'? Most people would say that religion has something to do with belief in God. God, in turn, is understood as a Supreme Being who created the world and the creatures in it. Furthermore, God takes a close interest (or at least has up to now) in the course of human history, by entering into covenants, making his will known in various ways, and intervening miraculously at critical junctures.

If belief in God in this sense is the essence of religion, then Buddhism cannot be a religion. Buddhism holds no such belief and, on the contrary, denies the existence of a creator god. In terms of the available Western categories, this would make Buddhism 'atheistic'. One problem with this designation, however, is that Buddhism recognizes the existence of supernatural beings such as gods and spirits. Another is that Buddhism seems not to have much in common with other atheistic ideologies such as Marxism. Perhaps, then, the categories of 'theistic' and 'atheistic' are not really appropriate here. Some have suggested that a new category – that of the 'non-theistic' religion – is needed to encompass Buddhism. Another possibility is that our original definition is simply too narrow. Could it be that the idea of a creator god, while a central feature of one religion – or family of religions – is not the defining characteristic of all religions? While this notion is certainly central to the 'Abrahamic' or 'Semitic' religions, namely Judaism, Christianity, and Islam, there may be other systems of belief – such as Confucianism and Taoism – which resemble Western religion in many ways but lack this ingredient.

The Seven Dimensions of Religion

Since the discipline of comparative religion began in earnest in the post-war period, Buddhism has posed something of a puzzle for scholars who have attempted to provide a satisfactory definition of their subject. One of the most successful approaches to this problem is that adopted by Ninian Smart, who, rather than offer a definition, has analysed the phenomenon of religion into seven major dimensions. Thus religions may be said to have a practical and ritual dimension; an experiential and emotional dimension; a narrative or mythic dimension; a doctrinal and philosophical dimension; an ethical and legal dimension; a social and institutional dimension; and a material dimension. The attraction of this approach is that it does not reduce religion to any single doctrine or belief, or suggest that all religious believers have one thing in common. The data from different cultures and historical periods shows that generally they do not. Nevertheless, there seems to be a cluster of things which collectively give substance to the phenomenon we call 'religion'. How does Buddhism shape up in terms of these seven dimensions? Analysing it through each of them in turn should give us an advantage over the blind men in providing seven parts of the elephant to get hold of rather than one.

The Practical and Ritual Dimension

The practical or ritual dimension is less pronounced in Buddhism than in faiths of a strongly sacramental kind, such as Judaism and Orthodox Christianity. Nevertheless, Buddhism has rites and ceremonies of both a public and a private nature, many of which surround monastic life. Rituals of initiation are performed when a person becomes a monk (for example, the head is shaved), and there are periodic ceremonies such as

A Religion without God?

Some scholars have denied that Buddhism is a religion because Buddhists do not believe in a Supreme Being or in a personal soul. But is this judgement based on too narrow a definition of 'religion'? According to Ninian Smart, religions have the following 'seven dimensions'. If Smart is correct, it seems justifiable to classify Buddhism as a religion.

1. Practical and Ritual
2. Experiential and Emotional
3. Narrative and Mythic
4. Doctrinal and Philosophical
5. Ethical and Legal
6. Social and Institutional
7. Material

the communal rehearsal of the monastic rules (the *pāṭimokkha*) on the days of the full moon and new moon each month. An important annual ceremony is the *kaṭhina* festival at which the laity offer new material for robes when the monks end their retreat for the rainy season. Monks, however, do not normally perform sacramental rituals for the laity, and would not normally officiate at baptisms and marriages. These are thought of as family rituals rather than religious ones, although the participants may visit the temple later for a blessing. Buddhist monks have no priestly role – they are not intermediaries between God and mankind – and their ordination confers no supernatural powers or authority. Monks do attend funerals, however, since death is the gateway to an unseen world about which Buddhism has much to say. Buddhists also believe that the dying person's state of mind is particularly important in influencing the circumstances of the next rebirth.

There are wide variations in the liturgies of different Buddhist schools, and the influence of local traditions as well as demand from lay Buddhists (including those in the West) have combined to lead to the development of new ceremonies (a marriage ceremony, for example) to parallel those offered by other religions. The influence also works the other way round, and there are signs that certain Buddhist rituals – such as the *mizuko kuyō* rite which is performed in Japan following abortions – are being incorporated into some Western liturgies.

The Experiential and Emotional Dimension

The experiential and emotional dimension of Buddhism – Buddhism as a lived experience – is extremely important. The Buddha's personal experience of enlightenment is the bedrock of the entire Buddhist tradition. Time and again he invoked his own experience as authority for his doctrines, and suggested that teachings not validated by personal experience were of little value. The Buddha's enlightenment also included an emotional aspect in the form of a profound compassion which motivated him to propagate his teachings, or Dharma. Out of compassion for the suffering of mankind he spent the greater part of his life spreading a teaching which he realized was 'hard to see and understand, subtle, to be experienced by the wise', for the benefit of the few 'with little dust in their eyes who are wasting through not hearing it' (M.i.168).

The experiential dimension is of great importance because Buddhism regards the religious life as essentially a course in self-transformation. Spiritual exercises such as meditation generate altered states of consciousness that can accelerate spiritual development. In terms of its importance, meditation may be likened to prayer in Christianity, although Christian prayer and Buddhist meditation usually have different objectives: when Buddhists meditate, for example, they are not asking God to grant their wishes but endeavouring to cultivate wisdom and compassion.

This emphasis on the interior experiential dimension of religious practice links Buddhism with the mystical traditions of ancient India, such as yoga. In yoga, various exercises – such as control of the posture and breath – are used to gain control over body and mind and harness their latent powers. We will see in the next chapter that the Buddha experimented with some of these methods himself. These techniques are not unique to India and are found in other parts of the world. There are now signs of a revival of interest in the mystical dimension of Christianity, a development which has been triggered at least in part by the contemporary interest in Indian spirituality.

The Narrative and Mythic Dimension

Like other religions, Buddhism has its share of myths and legends. A 'myth' in this context does not mean something that is false: rather, myths are stories which have a compelling force by virtue of their ability to work simultaneously on several levels. They have a narrative content but also – like a parable – a metaphorical one which can be understood and interpreted in many ways. Freud, for example, thought that the myth of Oedipus – who killed his father and married his mother – contained important universal truths about human sexuality and the unconscious mind. Sometimes it is difficult to know whether the content of a myth is to be taken at face value or not. Those who believe in the literal truth of the Bible will tend to read the story of creation in Genesis as a factual account of how the world began. Others may prefer the scientific version of events while accepting that the Genesis account reveals a profound truth about the relationship between God and the universe. Early Buddhism has its own 'creation myth' in the *Aggañña Sutta*, and there are many popular narratives such as the *Jātaka* stories, a collection of moral tales about the Buddha's previous lives. In some of these tales the characters are animals, not unlike Aesop's Fables, and at the end the Buddha reveals that he himself was the principal character in a former life.

Many dramatic episodes involving the supernatural enliven Buddhist literature, becoming more exaggerated and elaborate as the centuries pass. Even in the earliest sources gods and spirits make frequent appearances. They are commonly depicted in Buddhist art and literature as forming part of the audience at significant episodes in the Buddha's life. One vivid narrative recounts how just prior to his enlightenment the Buddha did battle with Māra, the Evil One, winning a great victory and scattering his legions. There are also more mundane narratives and chronicles which recount the history of Buddhism in various cultures, although these too contain their fantastic elements.

The Doctrinal and Philosophical Dimension

Buddhists in Asia do not use the term 'Buddhism' to describe their religion and refer to it as either the Dharma ('Law') or the *Buddha-sāsana* ('teachings of the Buddha'). Some would be unhappy about the application of the term 'doctrine' to their beliefs, seeing this as having overtones associated with Western religion. However, if by 'doctrine' we understand the systematic formulation of religious teachings in an intellectually coherent form, it does not seem unreasonable to apply it to Buddhism. The core doctrinal teachings are contained in a set of interlinked propositions known as the Four Noble Truths, which were formulated by the founder. The task of studying, clarifying, and expounding doctrines is typically the responsibility of a literate, educated élite. In Buddhism, the custody of the texts and their interpretation is the responsibility of the *Saṅgha*, or Order of monks. Not all monks, however, are philosophers, and within the Buddhist tradition there have been those who have felt that mystical experience – of the kind gained through meditation – was a surer path to liberation than the study of texts. In spite of this, Buddhism down the centuries has invested enormous intellectual energy in scholarship, as can be seen from the voluminous texts and treatises preserved in many Asian languages. Only a small percentage of this literature has so far been translated, although many of the most important scriptures are now available in English or other European languages.

The Ethical and Legal Dimension

Buddhism is widely respected as one of the world's most ethical religions. At the heart of Buddhist ethics is the principle of non-harming (*ahiṃsā*), which manifests itself in the respect for life for which Buddhism is renowned. Buddhists have a scrupulous respect for all living creatures, whether human or animal, and regard the intentional destruction of life as a grave wrong. This philosophy has led many (though by no means all) Buddhists to become vegetarians and to adopt pacifism as a way of life. The principle of non-harming also takes on a positive role in the practical contribution made by Buddhist monks and laity in founding hospitals, hospices, schools, and charitable institutions of many kinds.

Violence of any kind is abhorrent to most Buddhists, and the use of force to further the aims of religion seems incomprehensible. This is not to say that the Buddhist record is entirely spotless, and there have been episodes in Asian history where Buddhism has been exploited for political purposes and used to justify military campaigns. However, there has been little to compare to the religious wars in medieval and early modern Europe.

The five dimensions described thus far are all of an abstract nature. The final two concern religion as embodied in social and physical form.

The Social and Institutional Dimension

Alfred North Whitehead defined religion as 'what a man does with his solitariness', but there is more to religion than private interior experience (in terms of our present framework, we can see that this definition places too much emphasis on the experiential dimension). Religious believers commonly feel themselves to be part of a community, and have often seen this as having a political as well as religious significance, as in the medieval concept of 'Christendom'. Such a perspective is also apparent in Islam, which regards religious law as holding sway over all aspects of public and private life.

The social nucleus of Buddhism is the order of monks and nuns (*Saṅgha*) founded by the Buddha. While the Buddhist Order is the central social institution, however, Buddhism is not just a religion for monks. Early sources offer a sociological classification of Buddhism as 'The Fourfold Order', consisting of monks, nuns, and devout male and female lay disciples (*upāsaka/upāsikā*). The emphasis here is on inclusivity and interdependence, both with respect to gender and the lay and monastic estates. While a clear distinction exists between monastics and laity in much of the Buddhist world, there have also been attempts to blur or remove the boundaries between the two, a tendency which has met with the greatest success in Japan.

The social organization of a religion can take many forms, from small groups led by individual teachers to large hierarchically structured institutions with millions of adherents. Many permutations are found in Buddhism. The Buddha was originally a wandering teacher who attracted followers through his personal charisma. As their numbers grew, an institutional infrastructure developed in the form of a monastic community with rules and regulations. The Buddha, however, stated that he did not regard himself as the leader of this community and declined to appoint a successor when he died. Instead, he encouraged his followers to live according to his teachings (the Dharma) and the Monastic Rule, and be 'lamps (or islands) unto yourselves' (D.ii.100). While different countries today have their ecclesiastical authorities, Buddhism has never had a single head and

Buddhist Sects and Schools

Over the centuries, many sects and schools of Buddhism have developed. A major division is between the conservative Buddhism of south Asia found in countries such as Sri Lanka, Burma, and Thailand, and the more doctrinally innovative schools of the north encountered in central Asia, China, and Japan. In south Asia the Theravāda school predominates. Its name means the 'Abiding Teaching', or 'Original Teaching', although it is commonly translated as the 'Doctrine of the Elders'. This school regards itself as the custodian of the authentic early teachings which date back to the Buddha himself. The schools of north Asia belong to the movement known as the Mahāyāna, meaning the 'Great Vehicle'. Individual Buddhists would identify themselves as belonging to one or other of these two 'families', in a way that Muslims would regard themselves as Sunni or Shiite, or Western Christians would think of themselves as either Protestant or Catholic.

there has been no central office corresponding to that of the Pope in Christianity. Given the absence of central authority, Buddhism has tended to fissure readily when disagreements arose over matters of doctrine and practice. Buddhist chronicles speak of eighteen schools existing within a couple of centuries of the Buddha's death, and many more have arisen since then.

In terms of social organization the Buddha seems to have preferred a republican model of the kind in use among his own people. He encouraged monks to hold 'full and frequent assemblies' (D.ii.76) and to take decisions on the basis of consensus. The social organization of Buddhism varies from one culture to another, and it has demonstrated great flexibility in adapting to the traditions of the indigenous cultures with which it came into contact. As it spreads in the West, it is to be expected that democratic forms of social organization will evolve as Buddhist communities develop social structures appropriate to their needs.

The Material Dimension

The seventh and final dimension is to a large extent derivative from the social one. The material dimension includes objects in which the spirit of a religion becomes incarnate, such as churches, temples, works of art, statues, sacred sites, and holy places like pilgrimage sites. In India, various sites connected with the Buddha's life have become important centres of pilgrimage, such as the place of his birth, his enlightenment, and the park where he gave his first sermon. Elsewhere in Asia there are numerous Buddhist sites of archaeological, historical, and legendary significance. These include huge rock carvings, such as those at Polunnaruwa in Sri Lanka, Bamiyan in Afghanistan, and Yün-Kang in China. The most common reminder of the presence of Buddhism in Asia, however, is the ubiquitous *stūpa*, a dome-shaped monument which under the influence of east Asian architectural styles evolved into the pagoda.

Another artefact of great importance in Buddhism is the text. Religious scriptures are treated with great respect since they contain the teachings of the Buddha and embody his wisdom. To copy, recite, or memorize texts is regarded as a pious activity, as is the work of translating them into different languages.

Summary

We can see from the above that religion is a complex phenomenon to which no simple dictionary-style definition can do justice, especially not one distilled pre-eminently from the religious experience of the West. Once we begin to think of a religion as an organism with various dimensions, however, it becomes easier to see how Buddhism – despite its unusual and distinctive features – can take its place among the family of world religions. Returning to our original question, we can also see why it would be inadequate to define Buddhism simply as a philosophy, a way of life, or a code of ethics. It includes all of these things and sometimes seems to present itself predominantly in one of these modes. However, this depends largely on the perspective from which it is being viewed, and the extent to which some of its dimensions are being ignored. If someone wishes to see Buddhism as a rational philosophy free of religious superstition, then – by focusing on the doctrinal and philosophical dimension – it can be understood in this way. If another wishes to see it essentially as a quest for mystical experience, then – by making the experiential dimension central – that too is possible. Finally, someone who wishes to see Buddhism as a set of humanistic moral values will also find justification for that view by making the ethical and legal dimension primary.

I have mentioned these particular interpretations of Buddhism because they are ones which have proved popular with Westerners in the course of the last century. While not altogether illegitimate, they suffer from being incomplete, and typically represent a reaction of some kind to the perceived deficiencies of religion in the West. To focus on just one of the dimensions of Buddhism in this way is to make the same mistake as the blind men did in grasping hold of just one part of the elephant.

Having concluded that Buddhism is a religion, our task in the following chapters is to explore some of its dimensions in more detail. The ones which will receive most attention in this book are the doctrinal, experiential, and ethical dimensions, although reference will be made to others at appropriate points. First, however, we must learn something about the life of the founder of Buddhism, Siddhattha Gotama.

Chapter 2
The Buddha

The Buddha was born in the Terai lowlands near the foothills of the Himalayas just inside the borders of modern-day Nepal. His people were known as the Sakyas and for this reason the Buddha is sometimes referred to as Sakyamuni or 'the sage of the Sakyas'. To his followers he is known as the *Bhagavat* or 'Lord'. 'Buddha' is a not a personal name but an honorific title which means 'awakened one'. Although strictly speaking the title can only be used of someone after he has attained enlightenment, I will use it here to refer to the Buddha in the earlier part of his life as well. The Buddha's personal name, as noted above, was Siddhattha Gotama (Sanskrit: Siddhartha Gautama).

The conventional dates for the Buddha's life are 566–486 BC, although more recent research indicates that some time around 410 BC would be a more likely date for his death (chronology at this period is only accurate to within ten years). The traditional sources suggest that the Buddha and his kin belonged to the second of the four Indian castes – the aristocratic warrior caste known as the *khattiyas* (Sanskrit: *kṣatriyas*), although there is no other evidence that the caste system was current among the Sakya people.

References to the royal status of the Buddha's father, Suddhodana, and to the pomp and ceremony of his court, as found particularly in later texts, are most likely an exaggeration. Nevertheless, the Buddha's noble birth and high status are popular themes in Buddhist art and literature, and his aristocratic background – although perhaps not quite as lofty as the sources would have us believe – undoubtedly helped him make a favourable impression at the courts of north-east India which he visited as a wandering teacher.

A certain amount of information is preserved in the Pali Canon (see text box) about the Buddha's life, but no attempt was made to piece the details together into a continuous narrative until about five hundred years after his death. Earlier, within a couple of centuries of his passing, partial accounts of his life began to appear, suggesting increasing curiosity about the life of this remarkable man. The most famous and elegant account of the Buddha's life is an epic poem known as the

Early Scriptures

The teachings of the Buddha are recorded in various collections of scripture known as 'canons'. These derive from an oral tradition which goes back to the time of the Buddha, and which was preserved through a method of communal chanting. The only one of these early canons which has been preserved intact is the Pali Canon, so called because it is written in Pali, a vernacular language related to Sanskrit and close to that spoken by the Buddha. The Pali Canon was committed to writing in Sri Lanka around the middle of the first century BC and consists of three divisions or 'baskets' (*piṭaka*). These are (1) the Discourses (*Sutta Piṭaka*) or sermons of the Buddha, which are subdivided into five divisions known as *nikāyas*; (2) the Monastic Rule (*Vinaya Piṭaka*), which contains the rules of monastic discipline; and (3) the Scholastic Treatises (*Abhidhamma Piṭaka*), a slightly later compilation of scholastic works.

Buddhacarita or 'Acts of the Buddha', composed in the first century AD by the famous Buddhist literary figure Aśvaghoṣa. By this time the early biographical fragments had become embellished with fanciful details which makes it difficult to separate fact from legend. These narrative accounts of the Buddha's life may have inspired the creation of images of the Buddha, which are not found until around the second century AD. Before then he was represented in art only through symbols, such as a tree, a wheel, or a parasol, either out of respect or because of the difficulty of giving aesthetic expression to the transcendent state he had attained. In due course, however, artists began to create representations of the Buddha in stone and other media and these became the focus of popular devotion.

The Life of the Buddha

The information about the Buddha's life found in the earliest sources is fragmentary. Sometimes when teaching on a subject, the Buddha recalled an episode from his early life which he then proceeded to narrate. Some of these biographical fragments are detailed while others are vague, and the chronology of the episodes is not always clear. For reasons of this kind, producing a biography of the Buddha based on the extant sources is no easy task. The concept of a biography, furthermore, is a comparatively recent Western invention, and biography did not exist as a literary genre in ancient India. Similar difficulties have beset attempts to construct biographies of other early religious figures such as Jesus, and it is unlikely that a quest for the 'historical Buddha' would meet with any greater success. An added complication is that since Buddhists believe in reincarnation, a complete biography of the Buddha would need to include his previous lives! Although there is no early continuous narrative of the Buddha's life, there is general agreement on the relative chronology of certain key episodes in his career. In a nutshell, the facts are as follows. He was married at 16 to Yaśodharā who subsequently bore him a son named Rāhula ('Fetter'). Shortly after the birth of his son the Buddha left home at the age of 29 to seek religious knowledge, and attained enlightenment at the age of 35. The remaining forty-five years of his life were spent giving religious teachings and he died at the age of 80. Buddhists traditionally focus on certain key events in the Buddha's career as the most important, and commemorate them in various ways in literature, myth and ritual, and pilgrimage to the sites where they took place. The four most important events are his birth, enlightenment, first sermon, and death.

Birth of the Buddha

The Buddha's birth, not unlike the birth of Jesus, is said to have been surrounded by miraculous events. Later texts describe how the Buddha was conceived when his mother Māyā dreamed that a white baby elephant entered her side. This incident is depicted on p. 19. The dream was interpreted to mean that she would bear a son who would be either a great emperor (*cakkavatti*) or a great religious teacher. As was the custom when a pregnancy approached its term, Māyā embarked on a journey from Kapilavatthu, the capital of the Sakyan republic, to the home of her relatives to give birth. As the queen and her escort reached a delightful grove at Lumbinī she went into labour and gave birth standing up holding on to the trunk of a Sal tree. It is reported that the denizens of the heavens arrived to marvel at this great event, for the birth of a Buddha is a joyous and momentous occasion. The earth shook and the gods laid the child upon the ground where it was bathed in a miraculous shower of water. Immediately the infant stood up, took seven steps and declared that this would be the last time he would be born. The boy was named Siddhattha Gotama. Siddhattha means 'one who has achieved his aim' and Gotama is a clan name deriving from the name of an ancient Indian sage. Just seven days after the birth the Buddha's mother died, and the child was raised by his mother's sister, Pajāpatī, who became Suddhodana's second wife.

Little detail is provided in the Pali Canon about the Buddha's childhood, but the impression is created that he lived a life of luxury within the

1. *The Buddha's conception*: The Buddha's mother, Queen Māyā, dreams that the future Buddha enters her side in the form of a white baby elephant, a very auspicious symbol. Detail from a Tibetan *thangka*

walls of his father's three palaces, one reserved for each of the three seasons of the Indian year. The young man wore fine garments, was perfumed with fragrances and surrounded by musicians and attendants who ministered to his every need. Although these conditions might be calculated to produce the archetypal 'spoilt child' the Buddha's character does not seem to have suffered unduly, and he is depicted as a precocious but considerate child with a keen intelligence and latent psychic powers.

The Four Signs

Although palace life was comfortable it was unfulfilling, and the Buddha yearned for a deeper and more spiritually satisfying way of life. The later legends represent this disaffection in a story in which the Buddha makes four visits outside the palace in a chariot. His over-protective father – constantly fearful that his son would leave home to fulfil his destiny as a religious teacher as predicted in Māyā's dream – arranged for the streets to be filled with healthy smiling people so that Siddhattha would not be troubled by the sight of any unpleasantness. All aged and infirm people were removed from the route, but by chance – or as later sources have it, the intervention of the gods – the Buddha encountered an old man. He was thunderstruck by the discovery of old age and ordered his charioteer to return immediately to the palace where he reflected upon what it meant to grow old. In the second journey he encountered a sick man and in the third a corpse being carried to the cremation ground. These experiences impressed upon him above all the transient nature of human existence and he realized that not even the palace walls could keep suffering and death at bay. On the fourth trip outside the Buddha encountered a religious mendicant (*samaṇa*) and was inspired by the thought that he himself might seek a spiritual solution to the problems of the human condition. That very night he decided to leave the palace, and, taking a last look at his sleeping wife and child, departed to become a homeless mendicant.

This simple, poignant story is unlikely to be true in the literal sense. It is hard to believe that the Buddha was as naïve as the story portrays him, or that his disenchantment with palace life was nearly as sudden. It might be more useful to read the story as a parable in which palace life represents complacency and self-delusion, and the vision of the four signs the dawning of a realization about the nature of human life. If the Buddha were alive today he would see the four signs all around: every elderly person, every hospital, and every funeral would bespeak the brevity and fragility of life, while every church and religious minister would be testimony to the belief that a religious solution to these problems can be found. The parable seems to suggest that although the signs are all around, most people – like the young Buddha – construct mental barriers (the palace walls) to keep unpleasant realities at bay. Even then, there are times when the unwelcome facts of life thrust themselves upon us in a manner it is impossible to ignore, such as in sickness or bereavement, just as they did when the Buddha went forth in his chariot.

Renunciation and Austerities

Shaken from his complacency the Buddha made the radical decision to turn his back on family life and go in search of spiritual knowledge. This decision was not unprecedented in India, and the *samaṇa* movement – a counter-culture of homeless religious mendicants – was already well established by the Buddha's time. Many people had made a similar choice to renounce the world, and the Buddha became yet another recruit to these bands of wandering seekers and philosophers.

The Buddha's first teacher, a man by the name of Āḷāra Kālāma, taught him a meditational technique which induced a profound state of trance. The Buddha was a good student, and quickly mastered the ability to enter and abide in a state of absorption known as 'the sphere of nothingness'. So quickly and thoroughly did the Buddha master this technique that Āḷāra offered him joint leadership of the group. The Buddha refused, since, although the experience was serene and blissful, it was not the permanent solution he sought; eventually one exited the state and came back to normal waking consciousness with the fundamental problems of birth, sickness, old age, and death still unresolved.

The Buddha continued his quest and studied next under another teacher by the name of Uddaka Rāmaputta. Uddaka taught the Buddha a more sophisticated technique which allowed the practitioner to enter ‘the sphere of neither perception nor non-perception’, an even more sublime state of mind in which consciousness itself seemed almost to disappear. Uddaka was so impressed with his student that he offered to become the Buddha’s disciple, but the Buddha refused, feeling that the ability to attain mystical states of consciousness was good and valuable as far as it went but was not the goal he sought.

After these experiments with meditation the Buddha turned his attention to techniques of a different kind. These involved extreme austerities, the aim of which was to subdue the appetites and passions. First the Buddha practised an exercise in breath control, which involved retaining the breath for longer and longer periods of time. Rather than producing spiritual knowledge, however, all this resulted in was painful headaches. Abandoning this technique, the Buddha tried a second method which involved reducing his intake of food to minuscule proportions, just a spoonful of bean soup a day. Before long he became emaciated, was unable to sit upright, and his hair began to fall out. It became clear to him that this form of self-mortification was not producing results either, so he abandoned it. The Buddha’s exertions, however, were not entirely wasted, for his experience had now taught him that extremes of any kind were unproductive. His earlier life of self-indulgence had been unsatisfying, as was his six-year experiment with ascetic penances. He came to see that the most productive course was a ‘middle way’ between extremes of this kind. The most appropriate lifestyle, accordingly, would be one of moderation in which the appetites were neither denied nor indulged to excess.

The Enlightenment

Acting on this principle the Buddha once again began to take food and returned to the practice of meditation. He now made rapid progress and in the course of one night seated beneath a large tree, later known as the Bodhi tree (*ficus religiosus*), attained the complete state of awakening which he sought. During the first watch of the night he

2. *The Buddha gains enlightenment*: The Buddha is depicted here in the lotus posture just after he gained enlightenment. He calls upon the Earth to witness his achievement by touching it with his right hand. Western Tibet, 11th–12th cent. AD

acquired the power to look back through his previous existences, recalling them in full detail. In the second watch of the night he attained the clairvoyant power which allowed him to see the decease and rebirth of all types of beings in the universe according to their good and bad deeds. During the third watch he attained the knowledge that his spiritual defilements had been eliminated and that he had rooted out craving and ignorance once and for all. He had 'done what needed to be done' – attained nirvana and put an end to rebirth, just as he prophesied he would when he was born.

The place the Buddha attained enlightenment was known as Bodh Gayā, and the Buddha remained there for seven weeks pondering his future. He wondered whether he should become a religious teacher but was deterred by the difficulty of communicating the profound realization he had attained. For a time he inclined towards a life of privacy and seclusion, but following an appeal from one of the gods (Buddhism has a rich pantheon of gods who are somewhat like angels in Christianity) he was moved by compassion and decided to proclaim his teachings – or Dharma (Pali: *Dhamma*) – to the world. Realizing through his psychic powers that his two former teachers had died, the Buddha set out for Benares on the Ganges where he knew he would find a group of five former associates who had earlier turned their back on him when he rejected the path of austerities.

First Sermon and Teaching Career

Arriving in a park set aside for royal deer near Benares the Buddha was, after some initial hesitation, welcomed by his former colleagues who quickly realized the transformation which had taken place in him. The Buddha proclaimed himself a *Tathāgata* ('one who has attained what is really so') and preached his first sermon, a momentous event in the history of Buddhism. The first sermon is preserved as a discourse (*sutta*) called *Setting in Motion the Wheel of the Dharma*. It contains the essential teachings of Buddhism set out in a formula known as the Four Noble

3. *The First Sermon*: The Buddha makes the gesture (*mudrā*) of the wheel, symbolizing the First Sermon, known as 'Setting in Motion the Wheel of the Dharma'. The plinth shows the wheel of the Dharma in the centre, with deer on each side symbolizing the Deer Park near Benares where the sermon was given. Sarnath Museum, Gupta period

Truths, which will be discussed in more detail in Chapter Four. The wheel is an important symbol in Buddhism, and is often used to represent the Dharma. The first sermon was the event which gave initial impetus to the wheel of the Dharma, a wheel which would roll forward unceasingly as Buddhism spread throughout Asia.

On hearing the first sermon one member of the audience immediately glimpsed the truth and became a 'stream-enterer' or one who has achieved the preliminary degree of spiritual understanding. As the Buddha expounded his teachings further the remaining four mendicants also achieved this state. All five became his disciples and were ordained as monks (*bhikkhu*) in a simple ceremony. On hearing the Buddha's second sermon the five attained full enlightenment. They and others like them were known as Arhats (saints) rather than Buddhas, since the term Buddha is reserved for a person who discovers the way to enlightenment by himself rather than hearing it from another.

The teachings spread quickly and soon a large number of people had gained enlightenment. The early texts speak of a body of sixty Arhats, whom the Buddha charged to go forth as missionaries and spread the teachings out of compassion for the world. After five years when the order of monks had become established, the Buddha was prevailed upon to institute an equivalent order for nuns. Although initially reluctant – monasticism itself was a new development and an order of nuns something almost unprecedented – the Buddha eventually agreed. The order of nuns did not flourish to the same degree as the male order, and in general today the *Saṅgha* denotes essentially the order of monks.

Little biographical detail is available concerning the latter half of the Buddha's life. It is clear, however, that his time was taken up travelling on foot through the towns and villages of north-east India addressing audiences of many kinds from different religious, social, and economic backgrounds. His journeys took him over a territory some 150 miles long by 250 miles wide, an area somewhat smaller than Ireland or the state of Pennsylvania. The Buddha is often depicted holding audiences in the course of which he gives teachings, answers questions, and engages in debate with people from all walks of life. His manner was always courteous and calm, and the numerous converts mentioned in the texts bear witness to his powers of persuasion and personal charisma. Occasionally he is depicted as working miracles, an ability attributed to the psychic powers he developed through the practice of meditation. As his popularity increased and the numbers of his followers swelled, residential centres became established at which monks would remain for part of the year, notably during the rainy season when travel was difficult. Often these residences were donated to the Order by kings or wealthy patrons, and in due course they evolved into permanent institutions known as *vihāras* or monasteries.

Death of the Buddha

An important text known as *The Discourse of the Great Decease* provides an account of the events in the few months leading up to the Buddha's death. By now the Buddha was 80 and in failing health, but continued his travels on foot as he had done throughout his life, relying on his mental powers to suppress the effects of his infirmity. At this point important decisions about the future arose. Would he appoint a successor? Who would lead the Order after he was gone? In conversation with Ānanda, his cousin and loyal personal attendant, the Buddha stated there was no need for a successor since he had never regarded himself as the 'leader' of the Order. Instead, the Dharma should be the guide after he was gone, and monks should hold fast to this and the *Vinaya*, the code of rules he had laid down for the regulation of monastic life. Furthermore, he advised that each person should think for himself on matters of doctrine, cross-referencing views and opinions against the scriptures before deciding whether to accept them. In keeping with the Buddha's advice, there never arose a central source of authority in Buddhism on matters of doctrine, and no institution or body is authorized to promulgate dogmas and creeds for the religion as a whole.

The Buddha died at a small town called Kusinārā, lying on his right side between two Sal trees, which, the texts report, miraculously bloomed out of season. Although it is often said that he died from food poisoning after eating a meal of pork donated by a lay follower, it is clear from the account in the *Discourse of the Great Decease* that he recovered from this and his death occurred somewhat later, apparently due to natural causes. He instructed that his remains should be cremated and treated like those of a great king (*cakkavatti*) by being enshrined in a bell-shaped monument known as a *stūpa* (Pali: *thūpa*) which could be used as a site for offerings and devotion. Shortly before his death the Buddha called the monks together and gave them an opportunity to ask final questions. None were forthcoming, which suggests by this time his teachings were fully explained and well understood amongst his followers. The Buddha then uttered his last words: 'Decay is inherent in all things: be sure to strive with clarity of mind (for nirvana).' Serene and self-composed he then passed through several levels of meditative trance (*jhāna*) before entering final nirvana.

Chapter 3
Karma and Rebirth

The texts report that on the night of his enlightenment the Buddha gained the ability to recall his previous lives. It is said that he remembered not just one or two, but a vast number, together with the details of what his name, caste, profession, and so forth had been in each life. Elsewhere the Buddha states that he could remember back 'as far as ninety-one eons' (M.i.483), one eon being roughly equal to the lifespan of a galaxy. Although Buddhist doctrine holds that neither the beginning of the process of cyclic rebirth nor its end can ever be known with certainty, it is clear that the number of times a person may be reborn is almost infinite. This process of repeated rebirth is known as *saṃsāra* or 'endless wandering', a term suggesting continuous movement like the flow of a river. All living creatures are part of this cyclic movement and will continue to be reborn until they attain nirvana.

The idea of reincarnation did not originate with Buddhism and had existed in India for several centuries before the Buddha's time. The belief is common to many cultures and was widespread in the classical West before coming to be seen as incompatible with Christian doctrine around the sixth century. Indian conceptions about rebirth are distinctive, however, because of their association with the doctrine of karma, which holds that the circumstances of future rebirths are determined by the moral deeds a person performs in this life. Karma

(Pali: *kamma*) is of fundamental importance to Buddhist thought, and to understand it we must explore a cluster of related concepts concerning cosmology and time.

The Buddhist Universe

Buddhist thought divides the universe into two categories: the physical universe, which is thought of as a receptacle or 'container' (*bhājana*), and the 'beings' (*sattva*) or life-forms which reside in it. The physical universe is formed by the interaction of the five elements, namely earth, water, fire, air, and space (*ākāśa*). The last of these, space – thought of as infinite – is regarded in Indian thought not simply as the absence of the other four but an element in its own right. Through the interaction of the five elements there evolve 'world-systems' (roughly equivalent to the modern concept of a galaxy) which are found throughout the six directions of the universe (north, south, east, west, above, and below).

These world-systems are thought to undergo cycles of evolution and decline lasting billions of years. They come into being, endure for a time, and then slowly disintegrate before being destroyed in a great cataclysm. In due course they evolve again to complete a vast cycle known as a 'great eon'. Naturally, the beings who inhabit the physical universes are not unaffected by these events, and indeed there is some suggestion that it is the moral status of the inhabitants that determines the fate of the world-system. A world inhabited by ignorant and selfish people, for example, would decline at a faster speed than one with a wise and virtuous population. This notion that beings are not just the caretakers of their environment, but in some sense create it, has important implications for Buddhist thinking on ecology.

It will already be clear that Buddhist cosmology differs in important respects from religious thinking in the West. In the Book of Genesis creation is depicted as a unique event, and the Bible teaches that the world will end on the Day of Judgement. Between these two events a

The 'Wheel of Life' (bhavacakra) *or Six Realms of Rebirth*

temporary window of time has opened in eternity within which a unique drama – that of the Fall and Redemption – is played out. It is this drama that constitutes 'history', conceived of as a linear and generally forward-moving sequence of events. In this drama (the secular version of which substitutes 'progress' for redemption), human affairs are always centre stage. Nowhere is this seen more clearly than in pre-Copernican cosmology which locates the earth at the very centre of the universe. From an Indian perspective, however, this world-picture is anthropocentric and parochial. The earth is far from being the hub around which the cosmos revolves, and humans are not the only actors on the stage. Time, moreover, is conceived of as cyclic rather than linear: history has no overall direction or purpose, and similar patterns of events may repeat themselves many times over.

A Buddhist creation myth found in the *Aggañña Sutta* tells a quite different story from the Book of Genesis. The myth describes how the inhabitants of a world-system which has been destroyed are gradually reborn within a new one that is evolving. At first their bodies are translucent and there is no distinction between the sexes. As the fabric of the new world-system becomes denser, these spirit-like beings become attracted to it and begin to consume it like food. Slowly, their bodies become less ethereal until they resemble the gross physical bodies we have now. Competition for food leads to quarrels and disputes, and the people elect a king to keep the peace, an event which marks the origins of social life. Although the myth may be intended as much as a satire on human society as an account of creation, it provides an interesting contrast with the Book of Genesis: whereas the Judaeo-Christian tradition attributes the Fall of Man to pride and disobedience, Buddhism locates the origin of human suffering in desire.

The Six Realms of Rebirth

Within a world-system there are various 'realms' of rebirth. Early sources list five, but later ones add a further realm – that of the Titans – making six in all, and this is the scheme I will adopt here. The six realms are a popular theme in Buddhist art and are often depicted in the 'wheel of life' (*bhavacakra*). This can be seen in diagrammatic form on p. 31. The three realms below the centre line are regarded as particularly unfortunate. In a sense the arrangement is like an expanded version of the traditional Christian scheme of hell, purgatory, earth, and heaven, with the difference that a person can transmigrate repeatedly from one realm to another. The Buddhist heaven, shown at the top, is subdivided by later sources (post-fifth century) into twenty-six different levels or 'mansions', so when the other five realms are included a total of thirty-one possible rebirth-destinations is arrived at.

The easiest way to picture this arrangement is to think of an office block with thirty-one floors. At the bottom is hell – a place of woe where beings suffer the results of evil acts done in previous lives. While in hell they are subject to various torments – often depicted vividly in popular art – such as being boiled in oil or hacked limb from limb. The Buddhist hell (strictly 'hells', since there are many of them), however, is unlike the

Christian one in two respects. The first is that it is not a place of final damnation: in this respect it corresponds more to the Christian purgatory, a temporary state from which a person will eventually be released. Release comes when the evil karma that sent one to hell has run its course. The second difference is that in Buddhism there are both hot hells and cold hells; in the latter the suffering is due to freezing rather than roasting.

Above hell is the animal realm. Rebirth as an animal is undesirable for obvious reasons. Animals are governed by brute instinct and lack the intellectual capacity to understand the nature of their situation or do much to improve it. They are also hunted for food by human and other predators. Above the animals is the realm of ghosts. These are unhappy spirits that hover around the fringes of the human world and can sometimes be glimpsed as shadowy forms. For the most part, ghosts are former human beings who developed strong attachments which keep them bound to the earth. They are consumed by desires they can never satisfy, and are depicted in popular art as wraith-like creatures with large stomachs and tiny mouths symbolizing their insatiable yet constantly unsatisfied hunger. The fourth level is that of the Titans, a race of demonic warlike beings at the mercy of violent impulses. Motivated by a lust for power they constantly seek conquests in which they find no fulfilment.

On the fifth level is the human world. Rebirth as a human being is regarded as both highly desirable and difficult to attain. Although there are many higher levels on which rebirth can be achieved, they are potentially a handicap to spiritual progress. By being reborn as a god in an idyllic paradise one can easily become complacent and lose sight of the need to strive for nirvana. Human existence, by contrast, offers constant reminders of the vagaries of life (for example the 'four signs' seen by the Buddha such as old age and sickness) as well as the opportunity to seek a permanent solution to life's problems. Human beings have reason and free will, and can use these to understand the

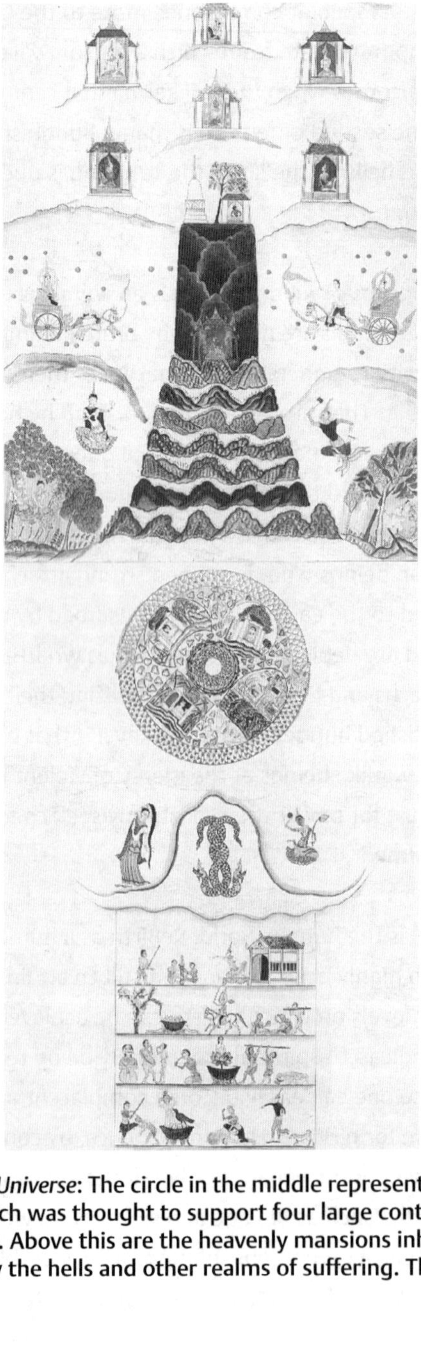

4. *The Buddhist Universe*: The circle in the middle represents the flat surface of the earth which was thought to support four large continents of different shapes. Above this are the heavenly mansions inhabited by the gods, and below the hells and other realms of suffering. Thailand, AD *c*.1820

Dharma and implement Buddhist teachings. Life as a human being is thus seen as the 'middle way' in offering an appropriate balance between pleasure and suffering.

The twenty-six upper storeys of our building (levels 6–31) are the abodes or mansions of the gods. The top five heavens (levels 23–27) are known as the 'Pure Abodes', and can only be attained by those known as 'non-returners'. These are beings on the point of gaining enlightenment who will not be reborn again as human beings. The gods below these levels (*deva*) are simply beings who, due to the performance of good deeds, enjoy harmonious and blissful states of existence. Nevertheless, they are subject to karma and are reborn like everyone else. The upper levels of the heavens are increasingly sublime, and the lifespan of the gods increases at each stage, extending to billions of years measured in human time. Time, however, is relative and is perceived differently by different beings; a human lifetime, for example, seems like a day to the gods at the lower levels.

The Three Spheres of Existence

The notion of the six realms and thirty-one levels overlaps with another conception of the universe as divided into three spheres. The lowest of these is the 'sphere of sense-desires' (*kāmāvacara*) which includes all of the levels up to the sixth heaven above the human world. Next is the 'sphere of pure form' (*rūpāvacara*), a rarefied spiritual state in which the gods perceive and communicate by a kind of telepathy. This extends up to level twenty-seven. Highest of all is the 'sphere of formlessness' (*arūpāvacara*), an almost indescribably sublime state beyond all shape and form in which beings exist as pure mental energy.

The gods in the four levels of the sphere of formlessness apprehend phenomena in four increasingly subtle ways: in the lowest (level 28) as infinite space, in the second (level 29) as infinite consciousness, and in the third (level 30) as 'nothingness', or the idea that the extreme

Level		Meditation Level (*jhāna*)	
31	Neither perception nor non-perception	8	Sphere of Formlessness (*arūpāvacara*)
30	Nothingness	7	
29	Infinite Consciousness	6	
28	Infinite Space	5	
27 12	Higher Gods	4 3 2 1	Sphere of pure Form (*rūpāvacara*)
11 . 6	Lower Gods		Sphere of Sense-desires (*kāmāvacara*)
5	Humans		
4	Titans		
3	Ghosts		
2	Animals		
1	Hell		

***Diagram of the Buddhist Universe showing the 31 levels, 3 spheres of existence, and 8 levels of meditation* (jhāna)**

subtlety of this mode of existence is akin to non-existence. Finally, abandoning even the thought of 'nothingness', there arises the ineffable state of mind known as 'neither perception nor non-perception' (level 31). This is the highest state in which anyone can be reborn. If the names of the two highest states sound familiar it is because they bear the same names as the stages of meditation attained by the Buddha under his two teachers. The Buddha gained access to these states by tuning into their 'frequency' through meditation. As we shall see, Buddhist ideas about cosmology dovetail with its meditational theory.

Karma

In the cosmology set out above, karma functions as the elevator that takes people from one floor of the building to another. Good deeds result in an upward movement and bad deeds in a downward one. Karma is not a system of rewards and punishments meted out by God but a kind of natural law akin to the law of gravity. Individuals are thus the sole authors of their good and bad fortune. In popular usage karma is thought of simply as the good and bad things that happen to people, a little like good and bad luck. The literal meaning of the Sanskrit word karma is 'action', but karma as a religious concept is concerned not with just any actions but with actions of a particular kind. Karmic actions are *moral* actions, and the Buddha defined karma by reference to moral choices and the acts consequent upon them. He stated 'It is choice (*cetanā*), O monks, that I call karma; having chosen one acts through body, speech, or mind' (A.iii.415). Moral actions are unlike other actions in that they have both transitive and intransitive effects. The transitive effect is seen in the direct impact moral actions have on others; for example, when we kill or steal, someone is deprived of his life or property. The intransitive effect is seen in the way moral actions affect the agent. According to Buddhism, human beings have free will, and in the exercise of free will they engage in self-determination. In a very real sense individuals create themselves through their moral choices. By freely and repeatedly choosing certain sorts of things, an individual shapes his character, and through his character his future. As the proverb has it: 'Sow an act, reap a habit; sow a habit, reap a character; sow a character, reap a destiny.'

Buddhism explains this process in terms of *saṅkhāras* (Sanskrit: *saṃskāras*), a difficult term usually translated as 'mental formations'. *Saṅkhāras* are the character-traits and dispositions that are formed when moral choices (*cetanā*) are made and given effect in action. The process may be likened to the work of a potter who moulds the clay into a finished shape: the soft clay is one's character, and when we make moral choices we hold ourselves in our hands and shape our natures for good or ill. It is not hard to see how even within the course of a single lifetime particular patterns of behaviour lead inexorably to certain results. Great works of literature reveal how the fate that befalls the protagonists is due not to chance but to a character flaw that leads to a tragic series of events. The remote effects of karmic choices are referred to as the 'maturation' (*vipāka*) or 'fruit' (*phala*) of the karmic act. The metaphor is an agricultural one: performing good and bad deeds is like planting seeds that will fruit at a later date. Othello's jealousy, Macbeth's ruthless ambition, and Hamlet's hesitation and self-doubt would all be seen by Buddhists as *saṅkhāras;* the tragic outcome in each case would be the inevitable 'fruit' (*phala*) of the choices these character-traits predisposed the individual to make.

Not all the consequences of what a person does are experienced in the lifetime in which the deeds are performed. Karma that has been accumulated but not yet experienced is carried forward to the next life, or even many lifetimes ahead. Buddhists disagree on exactly how this happens, but one possibility is that the performance of good deeds is like charging up a battery with karmic energy, which is then stored until a future time. Certain key aspects of a person's next rebirth are thought of as karmically determined. These include the family into which one is born, one's social status, physical appearance, and of course, one's character and personality, since these are simply carried over from the previous life. Some Buddhists adopt a fatalistic perspective and see every piece of good and bad luck as due to some karmic cause. The doctrine of karma, however, does not claim that everything that happens to a person is karmically determined. Many of the things that happen in life – like winning the lottery or breaking a leg – may simply be accidents. Karma does not determine precisely what will happen or how anyone will react to what happens. Individuals are free to resist previous conditioning and establish new patterns of behaviour: such, indeed, is the point of becoming a Buddhist.

What, then, makes an action good or bad? From the Buddha's definition above it can be seen to be largely a matter of intention and choice. The psychological springs of motivation are described in Buddhism as 'roots', and there are said to be three good roots and three bad roots. Actions motivated by greed, hatred, and delusion are bad (*akusala*, Sanskrit: *akuśala*) while actions motivated by their opposites – non-attachment, benevolence, and understanding – are good (*kusala*, Sanskrit: *kuśala*). Making progress to enlightenment, however, is not simply a matter of having good intentions, and evil is sometimes done by people who act from the highest motives. Good intentions, therefore, must find expression in right actions, and right actions are basically those which do no harm to either oneself or others. The kinds of actions which fail these requirements are prohibited in various sets of precepts, about which more will be said when discussing ethics.

Merit

Karma can be either good or bad. Buddhists speak of good karma as 'merit' (*puñña*, Sanskrit: *puṇya*), and much effort is expended in acquiring it. Some picture it as a kind of spiritual capital – like money in a bank account – whereby credit is built up as the deposit on a heavenly rebirth. One of the best ways for a layman to earn merit is by supporting the Order of monks. This can be done by placing food in the bowls of monks as they pass on their daily alms round, by providing robes for the monks, by listening to sermons and attending religious services, and by donating funds for the upkeep of monasteries and temples. Merit can even be made by congratulating other donors and rejoicing in their generosity. Some Buddhists make the accumulation of merit an end in itself, and go to the extreme of carrying a notebook to keep a tally of their karmic 'balance'. This is to lose sight of the fact that merit is earned as a by-product of doing what is right. To do good deeds simply to obtain good karma would be to act from a selfish motive, and would not earn much merit.

In many Buddhist cultures there is a belief in 'merit transference', or the idea that good karma can be shared with others, just like money. Donating good karma has the happy result that instead of one's own karmic balance being depleted, as it would in the case of money, it increases as a result of the generous motivation in sharing. The more one gives the more one receives! It is doubtful to what extent there is canonical authority for notions of this kind, although the motivation to share one's merit in a spirit of generosity is certainly karmically wholesome since it would lead to the formation of a generous and benevolent character.

A Western Perspective

Westerners often find the ideas of karma and rebirth puzzling. To a certain extent this is due to different cultural presuppositions about time and history, as alluded to earlier. In a culture which conceptualizes time as cyclic the idea of rebirth seems natural. But if people are reborn, it might be objected, why do so few remember previous lives? In part the explanation may be that cultural categories condition individual experience. In the absence of a framework of belief in reincarnation, memories of previous lives may go unrecognized or unacknowledged. Individuals may be unwilling to risk ridicule by reporting them. When such memories are reported by children they are commonly dismissed by teachers and parents as the product of an overactive imagination. There is, however, a growing body of testimony from individuals who claim to recall previous lives, many of which it is difficult to account for unless the memories are genuine. Nevertheless, such recollections are rare, even in cultures where rebirth is accepted. One possible explanation a Buddhist might advance for this is that the experience of death and rebirth tends to erase such recollections from the upper levels of the mind, and that these memories can only be recovered in altered states of consciousness such as the kind induced by meditation or hypnosis.

Another common question about rebirth is: 'If people are reborn, why does the population not increase more rapidly?' Again this question arises from anthropocentric assumptions. The human world is only one of the realms of rebirth, and since beings can be reborn in one of any of the six realms there is continuous movement from one to another. Some Buddhist schools, notably those in Tibet, believe there is an intermediate state which acts as a buffer between lives and in which the spirit of the deceased person remains for up to forty-nine days before being reborn. During this time the spirit glimpses all six realms of rebirth before being attracted – as if by magnetism – to the one most in keeping with its karmic state. According to other schools, however, the transition from one life to the next is instantaneous, and death is followed immediately by conception in a new life.

Is it necessary to believe in the existence of the six realms and the heavens and hells to be a Buddhist? Not necessarily. Although most Buddhists do accept the traditional teachings, it is possible to reinterpret these in various ways as, perhaps, referring to other dimensions of existence, parallel universes, or simply states of mind. Advocates of 'Buddhist modernism', about which I will say more in the final chapter, tend to reject the more 'medieval' elements of the traditional scheme and replace them with notions more congenial to the modern age. It may even be possible to be a Buddhist and reject the idea of rebirth altogether, although this would be at the price of reducing Buddhism to something like scientific humanism. Belief in a continued personal existence in some form or other after death would seem to be a minimal requirement for most traditions of Buddhist thought.

So is the goal of Buddhism to be reborn in a more fortunate condition? Although in practice many Buddhists – both monks and laymen – fervently desire this, it is not the final solution to suffering that Buddhism seeks. The Buddha was dissatisfied with the temporary bliss he attained through the trances taught to him by his teachers, and the sublime existence enjoyed by the gods is but a prolongation of this experience. Sooner or later the good karma that results in a heavenly birth will run its course and even the gods will die and be reborn. Karmic energy is finite and eventually expires, not unlike that of a spacecraft in a decaying orbit.

The answer to the problem of suffering does not lie in a better rebirth in the cycle of reincarnation (*saṃsāra*) – only nirvana offers a final solution.

Chapter 4
The Four Noble Truths

The ultimate goal of Buddhism is to put an end to suffering and rebirth. The Buddha stated, 'Both in the past and now, I set forth only this: suffering and the end of suffering.' Although this formulation is negative, the goal also has a positive side, because the way one puts an end to suffering is by fulfilling the human potential for goodness and happiness. Someone who achieves this complete state of self-realization is said to have attained nirvana. Nirvana is the *summum bonum* of Buddhism – the final and highest good. It is both a concept and an experience. As a concept it offers a particular vision of human fulfilment and gives contour and shape to the ideal life. As an experience it becomes incarnate over the course of time in the person who seeks it.

It should be clear why nirvana is desired, but how is it to be attained? The discussion in the preceding chapters suggests part of the answer. We know that Buddhism places a high value on a virtuous life; living morally, therefore, would appear to be a prerequisite. Some scholars, however, reject this idea. They argue that accumulating merit through the performance of good deeds actually stands in the way of nirvana. Good deeds, they point out, produce karma, and karma binds one to the cycle of rebirth. Since this is so, they reason, it follows that karma – and all other ethical considerations – must be transcended before nirvana can be attained. There are two problems with this view. The first is to explain why – if moral action is a hindrance to nirvana – the texts continually enjoin the performance of good deeds. The second difficulty is to explain why those who gain enlightenment, such as the Buddha, continue to live exemplary moral lives.

A solution to these problems may lie in the suggestion that leading a moral life is only *part* of the ideal of human perfection which nirvana represents. Thus while virtue (*sīla*, Sanskrit: *śīla*) is an essential component in this ideal it is incomplete on its own, and needs to be supplemented by something else. The other component which is required is wisdom (*paññā*, Sanskrit: *prajñā*). 'Wisdom' in Buddhism means a profound philosophical understanding of the human condition. It requires insight into the nature of reality of the kind which comes through long reflection and deep thought. It is a kind of *gnosis*, or direct apprehension of truth, which deepens over time and eventually reaches full maturity in the complete awakening experienced by the Buddha.

Nirvana, then, is a fusion of virtue and wisdom. The relationship between them might be expressed in philosophical language by saying that virtue and wisdom are both 'necessary' conditions for nirvana but neither is 'sufficient': only when the two are present together are the necessary and sufficient conditions for nirvana found. An early text likens them to two hands which wash and purify each other, and makes quite clear that a person who lacks one or the other is incomplete and unfulfilled (D.i.124).

Granted that wisdom is the essential counterpart of virtue, what is it that one must know to become enlightened? The truth that must be known is essentially that perceived by the Buddha on the night of his enlightenment and subsequently set forth in his first sermon delivered in the deer park near Benares. This sermon makes reference to four interlinked propositions known as the Four Noble Truths. These assert that (1) life is suffering, (2) suffering is caused by craving, (3) suffering can have an end, and (4) there is a path which leads to the end of suffering. Sometimes a medical metaphor is used to illustrate the

1. The Truth of Suffering (*Dukkha*)

What, O Monks, is the Noble Truth of Suffering? Birth is suffering, sickness is suffering, old age is suffering, death is suffering. Pain, grief, sorrow, lamentation, and despair are suffering. Association with what is unpleasant is suffering, disassociation from what is pleasant is suffering. Not to get what one wants is suffering. In short, the five factors of individuality are suffering.

relationship between them, and the Buddha is likened to a physician who has found a cure for life's ills. First he diagnoses the disease, second explains its cause, third determines that a cure exists, and fourth sets out the treatment.

The American psychiatrist M. Scott Peck begins his best-selling book *The Road Less Travelled* with the statement 'Life is difficult'. Making reference to the First Noble Truth he adds, 'This is a great truth, one of the greatest truths.' This truth, known in Buddhism as the 'Truth of Suffering', is the cornerstone of the Buddha's teaching. The Truth of Suffering states that suffering (*dukkha*, Sanskrit: *duḥkha*) is an intrinsic part of life, and it diagnoses the human condition as fundamentally one of 'dis-ease'. It makes reference to suffering of many kinds, beginning with physical or biological experiences such as birth, sickness, old age, and death. While these often involve physical pain, the deeper problem is the inevitability of *repeated* birth, sickness, ageing, and death in lifetime after lifetime, both for oneself and loved ones. Individuals are powerless in the face of these realities, and despite advances in medical science remain vulnerable to sickness and accident by virtue of their physical natures. In addition to physical pain, the Truth of Suffering makes reference to emotional and psychological forms of distress such as 'grief, sorrow, lamentation, and despair'. These can sometimes present more intractable problems than physical suffering: few lives are free of grief and sorrow, and there are many debilitating psychological conditions, such as chronic depression, from which a complete recovery may never be made.

Beyond these obvious examples of suffering the Truth of Suffering refers to a more subtle kind of suffering which might be termed 'existential'. This is seen in the statement 'Not to get what one wants is suffering.' The kind of suffering envisaged here is the frustration, disappointment, and disillusionment experienced when life fails to live up to our expectations and things do not go as we wish. The Buddha was no morbid pessimist and certainly knew from his own experience as a young prince that life can have its pleasant moments. The problem, however, is that the good times do not last; sooner or later they fade away, or one becomes bored with what once seemed novel and full of promise. In this context the word *dukkha* has a more abstract and pervasive sense: it suggests that even when life is not painful it can be unsatisfactory and unfulfilling. In this and many other contexts 'unsatisfactoriness' captures the meaning of *dukkha* better than 'suffering'.

Towards the end of the formulation, the Truth of Suffering suggests a fundamental reason why human life can never be ultimately satisfying. The statement 'the five factors of individuality are suffering' is a reference to a teaching expounded by the Buddha in his second sermon (*Vin*.i.13) which analyses human nature into five factors, namely the physical body (*rūpa*), sensations and feelings (*vedanā*), cognitions (*saññā*), character traits and dispositions (*saṅkhāra*), and consciousness or sentiency (*viññāna*). There is no need to go into detail about the five factors individually since the important point for us here is not so much what the list includes as what it does not. Specifically, the doctrine makes no mention of a soul or Self, understood as an eternal and immutable spiritual essence. By adopting this position the Buddha set himself apart from the orthodox Indian religious tradition known as Brahmanism, which claimed that each person possesses an eternal soul (*ātman*) which is either part of, or identical with, a metaphysical absolute known as *brahman* (a sort of impersonal godhead).

The Buddha said he could find no evidence for the existence of either the personal soul (*ātman*) or its cosmic counterpart (*brahman*). Instead his approach was practical and empirical, more akin to psychology than theology. He explained human nature as constituted by the five factors much in the way that an automobile is constituted by its wheels, transmission, engine, steering, and chassis. Unlike science, of course, he believed that a person's moral identity – what we might call the individual's 'spiritual DNA' – survives death and is reborn. In stating that the five factors of individuality are *suffering*, however, the Buddha was pointing out that human nature cannot provide a foundation for permanent happiness because the doctrine of the five factors shows that the individual has no real core. Because human beings are made up of these five constantly shifting components it is inevitable that sooner or later suffering will arise, just as an automobile will eventually wear out and break down. Suffering is thus engrained in the very fabric of our being.

The content of the Truth of Suffering is supplied in part from the Buddha's vision of the first three of the four signs – the old man, the sick man, and the corpse – and his realization that life is shot through with suffering and unhappiness of all kinds. Many who encounter Buddhism find this assessment of the human condition pessimistic. To this, Buddhists tend to reply that their religion is neither pessimistic nor optimistic, but realistic, and that the Truth of Suffering simply presents the facts of life in an objective way. If the presentation seems pessimistic it is due to the inveterate human tendency to shrink from unpleasant truths and 'look on the bright side'. No doubt this was the reason why the Buddha observed that the Truth of Suffering was extremely hard to grasp. It is akin to admitting that one has a serious disease, something no one wishes to acknowledge, yet until the condition is recognized there can be no hope of a cure.

2. The Truth of Arising (*Samudāya*)

This, O Monks, is the Truth of the Arising of Suffering. It is this thirst or craving (*taṇhā*) which gives rise to rebirth, which is bound up with passionate delight and which seeks fresh pleasure now here and now there in the form of (1) thirst for sensual pleasure, (2) thirst for existence, and (3) thirst for non-existence.

Granted that life is suffering, how does this suffering arise? The Second Noble Truth – the Truth of Arising (*samudāya*) – explains that suffering arises from craving or 'thirst' (*taṇhā*, Sanskrit: *tṛṣṇā*). Craving fuels suffering in the way that wood fuels a fire: in a vivid metaphor in the Fire Sermon (S.iv.19) the Buddha spoke of all human experience as being 'ablaze' with desire. Fire is an appropriate metaphor for desire since it consumes what it feeds on without being satisfied. It spreads rapidly, becomes attached to new objects, and burns with the pain of unassuaged longing.

It is desire, in the form of a strong addiction to life and the pleasant experiences it offers, that causes rebirth. If the five factors of individuality are likened to a car, then desire is the fuel that propels it forward. Although rebirth is normally thought of as taking place from life to life, it also happens from moment to moment: a person is said to be reborn from second to second as the five factors of individuality change and interact, driven by the thirst for pleasurable experiences. The continuity of individual existence from one life to the next is simply the result of the accumulated momentum of desire.

The Truth of Arising states that craving or thirst manifests itself in three main forms, the first of which is thirst for sensual pleasure. This takes the form of craving for gratification through the objects of the senses, such as the desire to experience pleasant tastes, sensations, odours, sights, and sounds. The second is thirst for existence. This refers to the deep instinctual will to *be* which drives us on to new lives and new experiences. The third way that craving manifests itself is as the desire not to possess, but to destroy. This is the shadow side of desire, manifested in the impulse to negate, deny, and reject that which is unpleasant or unwelcome. The desire to destroy can also lead to self-denying and self-negating behaviour. Low self-esteem and thoughts such as 'I'm no good', or 'I'm a failure', are manifestations of this attitude when directed towards the self. In extreme forms it can lead to physically self-destructive behaviour such as suicide. The kind of physical austerities the Buddha eventually rejected can also be seen as an expression of this impulse towards self-negation.

So does this mean that all desire is wrong? We must be careful before drawing this conclusion. Although 'desire' is often used as a translation for *taṇhā*, the English word has a much broader semantic range. *Taṇhā* is more restricted in meaning, and connotes desire that has become perverted in some sense, usually by being excessive or wrongly directed. Its aim is usually sensory stimulation and pleasure. Not all desires, however, are of this kind, and Buddhist sources often speak of desire in a more positive light using the term *chanda*. Having positive goals for oneself and others (such as attaining nirvana), desiring that others should be happy, and wishing to leave the world a better place than one found it, are all examples of positive and wholesome desires which do not count as *taṇhā*.

Whereas wrong desires restrict and fetter, right desires enhance and liberate. We might use smoking as an example to illustrate the difference. The desire of a chain-smoker for another cigarette is *taṇhā*, since its aim is nothing more than short-term gratification. Such a desire is compulsive, limiting and cyclic: it leads nowhere but to the next cigarette (and, as a side effect, to ill health). The desire of a chain-smoker to give up smoking, on the other hand, would be a virtuous desire since it would break the cyclic pattern of a compulsive negative habit and enhance health and well-being.

In the Truth of Arising *taṇhā* stands for the 'three roots of evil' mentioned above, namely greed, hatred, and delusion. In Buddhist art these are pictured as a cock, a pig, and a snake chasing around in a small circle at the centre of the 'Wheel of Life' depicted in Chapter Three, with their tails in each others' mouths. Since craving only gives rise to further craving, the cycle of rebirth goes round and round, and individuals are born again and again. How this comes about is explained in detail in a teaching known as 'origination-in-dependence' (*paṭicca-samuppāda*, Sanskrit: *pratītya-samutpāda*). This doctrine explains how craving and ignorance lead to rebirth in a sequence of twelve stages. Rather than discuss the twelve stages it is more important for our present purposes to grasp the underlying principle, which applies not just to human psychology but to reality at large.

At its most basic level the doctrine could be summed up as the claim that every effect has a cause: in other words, everything which comes into being originates in dependence on something else (or on a number of other things). On this view, all phenomena arise as part of a causal series, and nothing exists independently in and for itself. The universe, therefore, comes to be seen not as a collection of more or less static objects but a dynamic network of interrelated causes and effects. Moreover, just as the human person can be analysed into the five factors of individuality with nothing left over, so all phenomena can be reduced to their constituent parts without finding anything 'essential' in them. Everything which comes into being is said to bear three characteristics or 'marks' namely unsatisfactoriness (*dukkha*), impermanence (*anicca*), and the absence of self-essence (*anattā*). Things are unsatisfactory because they are impermanent (hence unstable and unreliable), and they are impermanent because they lack a self-nature which is independent of the universal causal process.

3. The Truth of Cessation (*Nirodha*)

This, O Monks, is the Truth of the Cessation of Suffering. It is the utter cessation of that craving (*taṇhā*), the withdrawal from it, the renouncing of it, the rejection of it, liberation from it, non-attachment to it.

It can be seen that the Buddhist universe is characterized primarily by cyclic change: at the psychological level in the endless process of craving and gratification; at the personal level in the sequence of death and rebirth; and at the cosmic level in the creation and destruction of galaxies. Underlying all of this is the principle of cause and effect set out in the doctrine of origination-in-dependence, the implications of which were developed in a profound way in later Buddhism.

The Third Noble Truth is the Truth of Cessation (*nirodha*). This Truth announces that when craving is removed suffering ceases and nirvana is attained. As will be recalled from the story of the Buddha's life, nirvana takes two forms: the first occurs during life and the second at death. The Buddha attained what is known as 'nirvana-in-this-life' while sitting under a tree at the age of 35. At the age of 80 he passed away into 'final nirvana' from which he would not be reborn.

'Nirvana' literally means 'quenching' or 'blowing out', in the way that the flame of a candle is blown out. But what is it that is 'blown out'? Is it one's soul, one's ego, one's identity? It cannot be the soul that is blown out, since Buddhism denies that any such thing exists. Nor is it the ego or one's sense of identity that disappears, although nirvana certainly involves a radically transformed state of consciousness which is free of the obsession with 'me and mine'. What is extinguished, in fact, is the triple fire of greed, hatred, and delusion which leads to rebirth. Indeed, the simplest definition of nirvana-in-this-life is as 'the end of greed, hatred, and delusion' (S.38.1). It is clear that nirvana-in-this-life is a psychological and ethical reality, a transformed state of personality characterized by peace, deep spiritual joy, compassion, and a refined and subtle awareness. Negative mental states and emotions such as doubt, worry, anxiety, and fear are absent from the enlightened mind. Saints in many religious traditions exhibit some or all of these qualities, and ordinary people also possess them to some degree, although imperfectly developed. An enlightened person, however, such as a Buddha or an Arhat, possesses them all completely.

What becomes of such a person at death? It is in connection with final nirvana that problems of understanding arise. When the flame of craving is extinguished, rebirth ceases, and an enlightened person is not reborn. So what has happened to him? There is no clear answer to this question in the early sources. The Buddha said that asking about the whereabouts of 'an enlightened one' after death is like asking where a flame goes when it is blown out. The flame, of course, has not 'gone' anywhere: it is simply the process of combustion that has ceased. Removing craving and ignorance is like taking away the oxygen and fuel which a flame needs to burn. The image of the blowing out of the flame, however, should not be taken as suggesting that final nirvana is annihilation: the sources make quite clear that this would be a mistake, as would the conclusion that nirvana is the eternal existence of a personal soul.

The Buddha discouraged speculation about the nature of nirvana and emphasized instead the need to strive for its attainment. Those who asked speculative questions about nirvana he compared to a man wounded by a poisoned arrow who, rather than pulling the arrow out, persists in asking for irrelevant information about the man who fired it, such as his name and clan, how far away he was standing, and so forth (M.i.426). In keeping with this reluctance on the part of the Buddha to elaborate on the question, the early sources describe nirvana in

4. The Truth of the Path (*Magga*)

This, O Monks, is the Truth of the Path which leads to the cessation of suffering. It is this Noble Eightfold Path, which consists of (1) Right View, (2) Right Resolve, (3) Right Speech, (4) Right Action, (5) Right Livelihood, (6) Right Effort, (7) Right Mindfulness, (8) Right Meditation.

predominantly negative terms such as 'the absence of desire', 'the extinction of thirst', 'blowing out', and 'cessation'. A smaller number of positive epithets are also found including 'the auspicious', 'the good', 'purity', 'peace', 'truth', and 'the further shore'. Certain passages seem to suggest that nirvana is a transcendent reality which is 'unborn, unoriginated, uncreated and unformed' (*Udāna* 80), but it is difficult to know what interpretation to place upon such formulations. In the last analysis the nature of final nirvana remains an enigma other than to those who experience it. What we *can* be sure of, however, is that it means the end of suffering and rebirth.

The Fourth Noble Truth, that of the Path or Way (*magga*, Sanskrit: *mārga*), explains how the transition from *saṃsāra* to nirvana is to be made. In the hustle and bustle of everyday life few stop to ponder the most fulfilling way to live. Questions of this kind exercised the Greek philosophers, and the Buddha had his own contribution to make. He thought that the highest form of life was one which led to the development of virtue and knowledge, and the Eightfold Path sets forth a way of life designed to bring these to fruition.

The Eightfold Path is known as the 'middle way' because it steers a course between a life of indulgence and one of harsh austerity. It consists of eight factors divided into the three categories of Morality, Meditation, and Wisdom. These define the parameters of human good and indicate where the scope for human flourishing lies. In the division known as Morality (*sīla*), the moral virtues are perfected, and in the division known as Wisdom (*paññā*), the intellectual virtues are developed. What about Meditation? The role of meditation will be examined in more detail in the following chapter, so I will not say much about it at this point except to note that it supports the other two.

Although the Path consists of eight factors, they should not be thought of as stages which are passed through on the way to nirvana then left behind. Instead, the eight factors exemplify the ways in which Morality, Meditation, and Wisdom are to be cultivated on a continuing basis. *Right View* means first, the acceptance of Buddhist teachings and later their experiential confirmation. *Right Resolve* means making a serious commitment to developing right attitudes. *Right Speech* means telling the truth and speaking in a thoughtful and sensitive way. *Right Action* means abstaining from wrongful bodily behaviour such as killing, stealing, or behaving wrongfully with respect to sensual pleasures. *Right Livelihood* means not engaging in an occupation which causes harm to others. *Right Effort* means gaining control of one's thoughts and cultivating positive states of mind. *Right Mindfulness* means cultivating constant awareness, and *Right Meditation* means developing deep levels of mental calm through various techniques which concentrate the mind and integrate the personality.

1. Right Understanding 2. Right Resolve	Wisdom (*Paññā*)
3. Right Speech 4. Right Action 5. Right Livelihood	Morality (*Sīla*)
6. Right Effort 7. Right Mindfulness 8. Right Meditation	Meditation (*Samādhi*)

The Eightfold Path and its Three Divisions

In this respect the practice of the Eightfold Path is a kind of modelling process: the eight factors reveal how a Buddha would live, and by living like a Buddha one gradually becomes one. The Eightfold Path is thus a path of self-transformation: an intellectual, emotional, and moral restructuring in which a person is reoriented from selfish, limited objectives towards a horizon of possibilities and opportunities for fulfilment. Through the pursuit of knowledge (*paññā*) and moral virtue (*sīla*), ignorance and selfish desire are overcome, the cause of the arising of suffering is removed, and nirvana is attained.

Chapter 5
The Mahāyāna

The Buddha appointed no successor and left his followers to interpret the Dharma for themselves. It was not long before disagreements arose, initially on matters of monastic practice and later on doctrine, and in the absence of any central authority, the development of variant traditions was almost inevitable. The most serious disagreement occurred around a century after the Buddha's death between a group later designated the 'Elders' (*Sthaviras*), and another known as the 'Universal Assembly' (*Mahāsaṅghikas*).

The Great Schism

What did the two disagree over? The records give conflicting accounts. Some attribute the schism to a doctrinal dispute which turned on the status of the Buddha as compared with an Arhat. According to this version of events, a monk named Mahādeva advanced 'Five Theses' suggesting that an Arhat was inferior to a Buddha in certain respects, such as not having completely extirpated craving, and in lacking the omniscience which it was now claimed the Buddha possessed (the Buddha had not claimed this himself). The most likely cause of the schism, however, appears to have been an attempt by the Elders to modify the Monastic Rule by introducing additional rules of conduct.

Underlying the schism were the more general stresses and strains which occurred as Buddhism began to spread beyond its home territory to other parts of India. As it expanded it encountered new customs and new ideas. How should it respond? Should it hold fast to the old ways, or change to accommodate new beliefs and practices? In the end opinion polarized on a range of issues and the two groups went their separate ways in what became known as the 'Great Schism'. In due course both the Elders and the Universal Assembly fragmented into a number of sub-schools. All of these have now since died out, with the exception of the Theravāda, which is descended from the Elder tradition. However, many of these early schools left a legacy in the contribution they made to a revolutionary new movement which became known as the Mahāyāna.

The Mahāyāna: A New Emphasis

Mahāyāna means the 'Great Vehicle', and is so called because it regards itself as the universal way to salvation. The early formative period of the movement occurs around the time of Christ, and may be dated roughly between 100 BC and AD 100. Although there is no firm evidence of influence either way between Christianity and Buddhism, there are some similarities between Christianity and Mahāyāna Buddhism which it might be helpful to note. The first concerns the concept of a saviour. Just as Christianity holds up Christ's self-sacrifice as a model for Christian service to others, so the highest ideal in the Mahāyāna is a life dedicated to the well-being of the world. Rather than seeking one's own salvation, in the way the earlier teachings had advised, the Mahāyāna places great emphasis on working to save others. This finds expression in the ideal of the bodhisattva, someone who takes a vow to work tirelessly over countless lifetimes to lead others to nirvana. Everyone who subscribes to the Mahāyāna technically becomes a bodhisattva, but for most this is just the starting point of their long course of spiritual development. So important was the bodhisattva ideal that, particularly in its early stages, the Mahāyāna was known simply as the *Bodhisattva-yāna*, or the 'Vehicle of the Bodhisattvas'.

Linked to the idea of service to others is the notion of selfless love. Jesus gave love (*agapē*) great prominence in his teachings, and in the Mahāyāna compassion (*karuṇā*) is accorded a central place. Indeed, it is compassion for the suffering of others which motivates a bodhisattva to sacrifice himself on their behalf. Of course, a bodhisattva cannot 'redeem' others as Christ did. Instead, he devotes his efforts to becoming a 'good friend' to beings. He helps them by example, by reducing their sufferings in practical ways, by encouraging and helping them, and by teaching them the path to liberation.

New Ideas about the Buddha

As the figure of the bodhisattva comes more into the foreground, that of the Buddha begins to recede and become more sublime. By the time the Mahāyāna came into being, the Buddha had been dead for several centuries, and as the accounts of his life became more exaggerated and embellished, he came to be thought of as a semi-divine being. This mystique was heightened by the ambiguity surrounding his status in final nirvana: although the Elders taught that he had passed beyond this world into final nirvana, it was also possible to conceive of him as existing in a transcendent realm. Followers of the Mahāyāna reasoned that a being as compassionate as the Buddha would never cut himself off from others: they believed he was still 'out there' somewhere, actively working for the welfare of beings just as he had on earth. In line with this belief, devotional cults sprang up in which reverence and homage were offered and intercessions sought. If a bodhisattva resembles Christ in the love and service he gave to mankind, then the Buddha came to resemble God the Father as a benevolent supernatural being, not located in the world but positioned somewhere close by in a heavenly realm and taking a keen fatherly interest in the welfare of his children.

Eventually these ideas gave birth to a full-blown Mahāyāna cosmology and new 'Buddhology', which envisaged the Buddha as having 'three

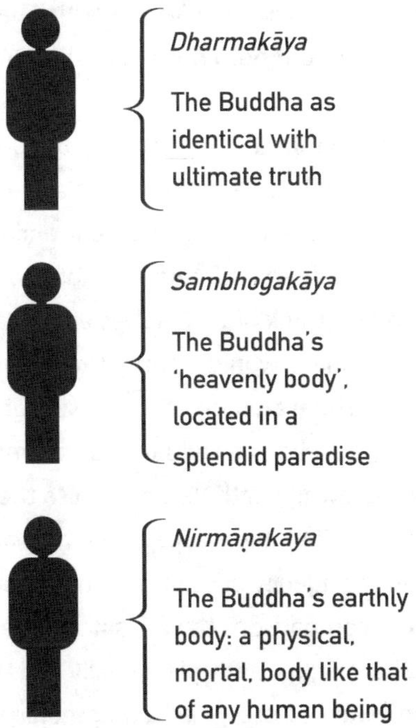

The Buddha's 'Three Bodies' (trikāya)

bodies' (*trikāya*) or existing in three dimensions: earthly, heavenly, and transcendent. The earthly body (*nirmāṇakāya*) was the human body he had on earth. His heavenly body (*sambhogakāya*) was in a blissful realm located somewhere 'upstream' from the world we now inhabit, not unlike the Christian heaven. The transcendent body (*dharmakāya*) was the Buddha conceived of as identical with ultimate truth, in some respects not unlike the way Christian mystics and philosophers have spoken of God as the Absolute or ultimate reality (Mahāyāna schools understand these terms in various ways). One final resemblance to Christian doctrine might be mentioned: just as there will be a 'Second Coming' on the Day of Judgement, the belief arose that a Buddha known as Maitreya would appear at the end of the present eon when there would be a utopian era in which multitudes would gain enlightenment. This idea (which is also found in Theravāda Buddhism) laid the basis for a number of Messianic cults which have been popular from time to time throughout both north and south Asia.

The significance of the division that occurred in Buddhism with the rise of the Mahāyāna is not unlike that which took place at the Reformation when Latin Christianity fissured into the Catholic and Protestant churches. Both divisions left an enduring mark on the religious landscape, and Buddhists think of themselves either as Mahāyānists or Theravādins just as Christians would identify themselves as either Catholic or Protestant. There are also doctrinal similarities in that both Protestantism and early Buddhism see salvation as primarily an individual responsibility, while Catholicism (as also the Orthodox churches) and Mahāyāna Buddhism accept that help and intercession are possible through the agency of saints and bodhisattvas. It would be unwise to press these comparisons too far, since there are also many differences. The Mahāyāna, for example, initially had the character of a loose movement and was not organized along sectarian lines. Nor was there a radical separation between followers of the Mahāyāna and other schools, and it was not uncommon for monks ordained in the Universal Assembly, or even branches of the Elder tradition, to have Mahāyāna sympathies while living in communion with brethren who did not.

Mahāyāna Sūtras

The nucleus of the Mahāyāna was a series of new scriptures which appeared in the early centuries of the Christian era. Whereas the earlier *sūtras* contained in the Pali Canon were believed to be the Buddha's own words, the new *sūtras* could not easily be attributed to the founder. These texts – which were all composed anonymously and often show the work of many hands – none the less came to have great authority because they seemed visionary and inspired. The new Mahāyāna cosmology, furthermore, made it possible to claim that the Buddha was, if not the human author of the new *sūtras*, at least the spiritual one,

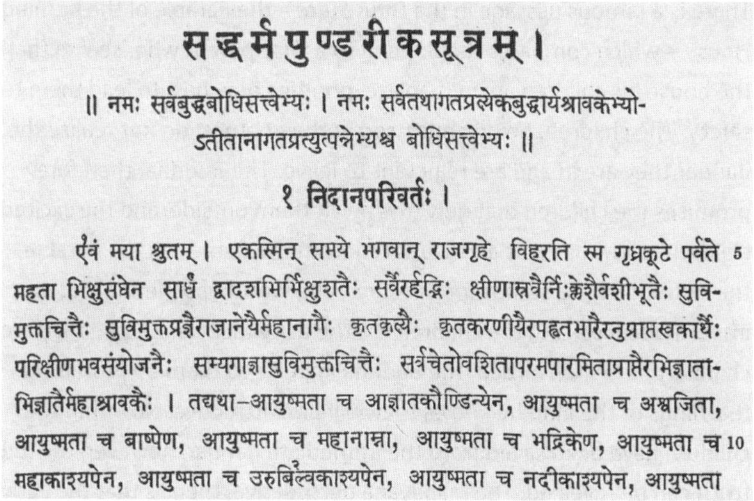

सद्धर्मपुण्डरीकसूत्रम् ।

॥ नमः सर्वबुद्धबोधिसत्त्वेभ्यः । नमः सर्वतथागतप्रत्येकबुद्धार्यश्रावकेभ्योऽतीतानागतप्रत्युत्पन्नेभ्यश्च बोधिसत्त्वेभ्यः ॥

१ निदानपरिवर्तः ।

एवं मया श्रुतम् । एकस्मिन् समये भगवान् राजगृहे विहरति स्म गृध्रकूटे पर्वते महता भिक्षुसंघेन सार्धं द्वादशभिर्भिक्षुशतैः सर्वैरर्हद्भिः क्षीणास्रवैर्निःक्लेशैर्वशीभूतैः सुविमुक्तचित्तैः सुविमुक्तप्रज्ञैराजानेयैर्महानागैः कृतकृत्यैः कृतकरणीयैरपहृतभारैरनुप्राप्तस्वकार्थैः परिक्षीणभवसंयोजनैः सम्यगाज्ञासुविमुक्तचित्तैः सर्वचेतोवशितापरमपारमिताप्राप्तैरभिज्ञाताभिज्ञातैर्महाश्रावकैः । तद्यथा–आयुष्मता च आज्ञातकौण्डिन्येन, आयुष्मता च अश्वजिता, आयुष्मता च बाष्पेण, आयुष्मता च महानाम्ना, आयुष्मता च भद्रिकेण, आयुष्मता च महाकाश्यपेन, आयुष्मता च उरुबिल्वकाश्यपेन, आयुष्मता च नदीकाश्यपेन, आयुष्मता

5. Sanskrit Text of the *Lotus Sūtra*

since his wisdom continued to emanate from the higher levels of the cosmos down to the human sphere.

The major Mahāyāna *sūtras*, such as the *Lotus Sūtra* (AD *c.*200) embark on a drastic revisioning of early Buddhist history. They claim, in essence, that although the historical Buddha had appeared to live and die like an ordinary man, he had, in reality, been enlightened from time immemorial. As a wise and compassionate teacher, however, he had gone through an elaborate charade to accommodate the expectations of the people of the time. Just as an experienced teacher would not teach an advanced topic such as calculus to students just beginning mathematics, so the Buddha had revealed only limited teachings – a spiritual *ABC* – which he knew his early followers could assimilate. The reason for this was that the true depth and scope of the Dharma – now fully revealed in the Mahāyāna – was profound beyond measure, and rather than confuse and overwhelm people the Buddha had used 'skilful means' (*upāya-kauśalya*) to put the truth before them in a simplified form.

There is a famous passage in the *Lotus Sūtra* – the Parable of the Burning House – which compares the Buddha to a wise parent who, seeing that the house his children are in is ablaze, ponders how best to lead them to safety. The children, being engrossed in their games, do not realize the danger they are in and are reluctant to leave. The Buddha, therefore, promises the children that new toys await them outside, and the excited children follow him out and are saved from the flames. In the parable, the burning house stands for *saṃsāra* – the world of suffering and impermanence – and the children are the early followers. Since they are childish and self-absorbed, the Buddha appeals to them by promising teachings of the kind he knows they will find attractive. Now that the children have been saved from the immediate danger, however, the full truth can be revealed. The Mahāyāna perspective, then, is that the early doctrines – although not false – were incomplete, and a 'second turning of the wheel of the Dharma' was required for them to be fulfilled. The Mahāyāna *sūtras* often poke fun at the earlier schools – which it dubbed derogatively the Hīnayāna or 'Inferior vehicle'. Some, like the highly popular *Teachings of Vimalakīrti* (AD c.400), portray the learned monks of the early tradition being baffled by a mere layman, Vimalakīrti, as he playfully reveals the higher teachings of the Mahāyāna.

What followers of the Mahāyāna sought above all through their religious practice was to follow the bodhisattva path. Over the course of several centuries the various stages in the 'career' of a bodhisattva were worked out in some detail. The crucial initial stage is the arising of what is known as the 'thought of enlightenment' or *bodhicitta*. This might be likened to a conversion experience, and is the point at which the initial motivation to become a bodhisattva in order to save others arises. The individual then seeks initiation as a bodhisattva, in the course of which he takes a vow (*praṇidhāna*) to save all beings by leading them to nirvana, regardless of how long it takes.

Central to a bodhisattva's practice are six virtues known as the Six Perfections (see text box). As the bodhisattva practises these

Mahāyāna Virtues

The Six Perfections (*pāramitās*) of a Bodhisattva are:

1. Generosity (*dāna*)
2. Morality (*sīla*)
3. Patience (*kṣānti*)
4. Courage (*vīrya*)
5. Meditation (*samādhi*)
6. Wisdom (*prajñā*).

perfections he progresses through a scheme of ten stages (*bhūmi*) each of which is a major landmark on the way to nirvana. Once he reaches the seventh stage it is impossible for him to fall back, and it is certain that he will reach nirvana. Although this scheme constitutes a reformulation of the early teachings, the new way to nirvana is not radically different to that taught in the Eightfold Path, and it can be seen that the three divisions of the latter – Morality, Meditation, and Wisdom – feature among the Six Perfections.

Bodhisattvas who had reached the higher stages of their careers were visualized as enormously powerful beings, virtually identical to the Buddha in his heavenly form. Indeed, the distinction between a Buddha and an advanced bodhisattva becomes extremely blurred. Two of the most important in the ranks of these 'celestial' bodhisattvas are Avalokiteśvara, 'The Lord who Looks Down (in compassion)' (see p. 65), and Mañjuśrī, 'Gentle Glory'. The former epitomizes compassion (*karuṇā*) and the latter wisdom (*prajñā*). Avalokiteśvara is depicted as having many arms, outstretched to help suffering beings, while Mañjuśrī carries the flaming sword of wisdom which cuts through ignorance. Alongside these, a rich pantheon of Buddhas and bodhisattvas comes into being,

6. *The bodhisattva Avalokiteśvara, the embodiment of compassion*: The bodhisattva's many arms symbolize his compassion. The extended arms hold a rosary and a lotus. Sometimes he is shown with a thousand arms and faces, indicating that his compassion is universal and inexhaustible. AD c.1700

conceived of as inhabiting a majestic unseen universe. Just as our own world-system was graced by a Buddha, it seemed not unreasonable to suppose that others had been too. The Mahāyāna therefore proceeded to invent names and characteristics for these fictional Buddhas and located them in magnificent Buddha-realms. A 'family' of five Buddhas became standard, often depicted in circular mystic diagrams known as *maṇḍalas*. A common arrangement in these colourful diagrams is to find the historical Buddha Śākyamuni (Pali: Sakyamuni) located at the centre of a circle with four ahistorical Buddhas located around him to the north, south, east, and west.

The Buddha located in the western region was known as Amitābha ('Infinite Light'). In east Asian Buddhism, he became the centre of a popular cult which developed around the magnificent paradise or 'Pure Land' he was thought to inhabit. Amitābha (known in Japan as Amida) took a vow that if he gained enlightenment he would assist anyone who called upon his name in a spirit of faith by ensuring that they would be reborn in his Pure Land, known as *Sukhāvatī* ('Blessed with Happiness'). It is clear that with developments of this kind, which occurred within the early centuries AD, the Mahāyāna had moved some way from the Buddha's original teaching that salvation was an individual responsibility, and had come close to accepting that it could be attained through faith and grace. Even in the Pure Land school however – where ideas of this kind were developed – the western paradise of Amitābha was not seen as the same as nirvana, and a person reborn there would still need to make a final effort to gain enlightenment for himself.

Philosophical Developments

As the new *sūtras* multiplied, Buddhist teachers began to compose commentaries and treatises setting forth the philosophical basis of Mahāyāna beliefs. The most famous of these philosophers was Nāgārjuna, who lived around AD 150, and founded a school known as the Madhyamaka or 'Middle School'. He used the traditional concept of the ‘middle way’ in a sophisticated dialectical manner, and in so doing pushed the implications of certain of the early teachings to their logical conclusion. When discussing the Truth of Arising in Chapter Four, reference was made to the doctrine of origination-in-dependence. The early Theravāda scholastic tradition, known as the Abhidhamma (‘higher dharma’), had understood this doctrine as referring to the origination and destruction of real elements, which they termed ‘dharmas’. Dharmas were thought of as the building-blocks of which all phenomena were composed. They were conceived of as impermanent, but none the less real. On this basis, objects such as tables and chairs were analysed as compounds of elements rather than as entities having an enduring nature of their own. A chair, for example, might be seen as consisting only of legs, a seat, and a back: there is no ‘chair’ over and above these parts.

Nāgārjuna, however, interpreted the doctrine of origination-in-dependence in a more radical way. He taught that dharmas were not just impermanent, but lacked any inherent reality at all. He summed this up by saying that all phenomena – tables, chairs, mountains, people – are simply *empty* of any real being. The Madhyamaka argued strongly, however, that this was not a doctrine of nihilism: the teaching does not claim that things do not exist, merely that they do not exist as independent realities in the way people normally assume. It claimed that the true status of phenomena is something midway between existence and non-existence, and it was from this interpretation of the ‘middle way’ that the school derived its name.

This line of thought had another important implication, namely that there can be no difference between nirvana and the realm of cyclic rebirth (*saṃsāra*). If everything is void of real existence, Nāgārjuna reasoned, then in a profound sense everything is on the same footing, so on what basis can the distinction between nirvana and *saṃsāra* be made? No difference can be found in things themselves since they are all ultimately ‘empty;’ the difference, therefore, must lie in our perception of them. The example is given of the person who mistakes a coil of rope for a snake at twilight and becomes terrified. When he realizes his mistake his fear subsides and his desire to run away disappears. What is needed for liberation, then, Nāgārjuna reasoned, is essentially correct vision – to see things as they really are – rather than to embark on a flight from one supposedly imperfect reality (*saṃsāra*) to a better one (nirvana). Nirvana is thus reinterpreted by the Madhyamaka as a purified vision of what is seen by the ignorant as *saṃsāra*. It follows that nirvana is here and now if we could but see it. The removal of spiritual ignorance (*avidyā*) and the realization that things are empty destroys the fear – or craving – we have for them. Nāgārjuna and his followers called this complex of ideas 'the doctrine of emptiness' (*śūnyavāda*) and it has been the inspiration of Mahāyāna thought down the centuries, generating countless commentaries and treatises.

In addition to the doctrine of emptiness, many further complex philosophical systems arose, such as the teaching of 'mind only' (*citta-mātra*), a form of idealism which sees consciousness as the sole reality and denies objective existence to material objects. Meditative experience seems to have played an important part in the development of this school as can be seen from its alternative name – the Yogācāra, or 'Practice of Yoga'. There is insufficient space here to do justice to the complexity of these ideas, or to the richness and variety of Mahāyāna thought in general, and the reader is referred to the sources at the end of the book for further particulars.

Summary

None of the Buddha's early teachings is rejected by the Mahāyāna, although they are sometimes reinterpreted in radical ways. The Mahāyāna saw itself as recovering their true meaning which, it claimed, had been lost sight of by the early tradition. Indeed, much of what is found in the Mahāyāna is not new. For example, the notion of selfless compassion – which finds expression in the bodhisattva ideal – was already evident in the Buddha's life of service to others. The doctrine of emptiness can be seen in embryonic form in the teachings on impermanence and no-self. Finally, the meditator's experience of the mind in the higher trances as luminous and pure, could easily foreshadow the conclusion that consciousness itself is the underlying reality.

The areas where the Mahāyāna was most innovative were in its revamped Buddhology and the devotional cults which sprang up around the various Buddhas and bodhisattvas. The north-west of India was an early nucleus of the Mahāyāna, and scholars have speculated about possible Hellenistic and Zoroastrian influence on Buddhism which may account for these developments. This region was a cultural melting pot into which many ideas flowed, along with goods and commodities from the Asian trade routes. Intriguing though these speculations are, however, there is no real need to invoke the idea of external influence to explain the upsurge of devotionalism in Buddhism. For one thing, devotional cults were also popular within India, and the worship of the Hindu god Krishna antedates Christ by several centuries. For another, it is possible to see signs of a cult of the Buddha and other charismatic saints even from the earliest times. On balance it is most likely that devotionalism – along with the other innovations mentioned in this chapter – was an autonomous development which arose naturally at a certain cycle in the evolution of Buddhism as ideas implicit in the early teachings were worked out.

Chapter 6
Buddhism in Asia

Ashoka

From the outset Buddhism was a missionary religion. The Buddha travelled over a large area spreading his teachings, and explicitly charged his disciples to do likewise with the words: 'Go, monks, and wander for the good and welfare of the multitudes.' The spread of Buddhism was given a considerable boost in the third century BC when one of the greatest figures in Indian history – Ashoka Maurya – became emperor of India around 268 BC. Through conquest Ashoka extended the Mauryan empire, making it the largest Indian empire to be seen until the British Raj. After a bloody campaign on the east coast, in the region of present-day Orissa, he experienced remorse and turned to Buddhism. For the remainder of his long reign he ruled according to Buddhist principles, and under his patronage Buddhism flourished. As well as helping to establish Buddhism within India, Ashoka also dispatched ambassadors to the courts of rulers in the Near East and Macedonia, and, according to the Sinhalese chronicles, to South-East Asia. The record of these early missions is found in the stone inscriptions Ashoka left throughout his realm, which provide some of the most reliable data on early Indian history. It is not known with any certainty what became of the missions, but the ones to the West seem to have had little impact, as the earliest surviving mention of Buddhism in Western documents is found in the writings of Clement of Alexandria in the second century AD (earlier classical references to the Indian *sarmanes* and *samanaioi* may also refer to Buddhism).

Buddhism in India

In India itself great universities were established such as the one at Nālandā near the site of modern-day Patna, which flourished between the seventh and twelfth centuries. As many as ten thousand students were enrolled there at any time pursuing courses in the various branches of Buddhist learning, such as logic, grammar, epistemology, medicine, and the study of Madhyamaka and other philosophies. Important centres of Buddhism also sprang up both in the south and the far north-west, the latter an important gateway to Central Asia and the Far East.

During the first half of the first millennium AD Buddhism prospered, although it suffered a setback around AD 450 when a tribe from central Asia known as the White Huns destroyed Buddhist monasteries in Afghanistan and the north-west of India. In the second half of the millennium the fortunes of Buddhism were mixed, and by the end of the period it was in decline in India. Late in the tenth century the north once again came under attack. This time the invaders were Turks who embarked on a long series of campaigns in the course of which they penetrated far to the north-east of India bringing them into contact with the ancient homeland of Buddhism. Buddhism suffered greatly from these raids, since its unfortified monasteries offered easy pickings. Buddhists were considered 'idolaters' by Turks because of the images of Buddhas and bodhisattvas which adorned their monasteries. Works of art were destroyed and libraries burned to the ground. In 1192 a Turkish tribe established rule over north India, the first of a series of Muslim dynasties known as the Delhi Sultanate. The next few centuries would be a time of upheaval and uncertainty, until the Moguls inaugurated an era of relative stability and religious toleration in the sixteenth century. By then, however, it was too late. As if to demonstrate the truth of its own teaching that whatever arises will also cease, Buddhism all but disappeared from the land of its birth.

The history of Buddhism in the rest of Asia can conveniently be discussed in terms of north and south. In general the Mahāyāna form of Buddhism predominates in the north, and the Elder tradition in the south. Since only one of the twelve schools of the Elder tradition survives today, namely the school known as the Theravāda, I will henceforth speak of the two main surviving forms of Buddhism as Mahāyāna and Theravāda.

Sri Lanka

Beginning with the countries to the south, where Theravāda Buddhism predominates, the island of Ceylon – home to the modern state of Sri Lanka – has played a crucial role in preserving and developing Buddhist culture. According to the Buddhist chronicles preserved there, Buddhism was brought to Ceylon in 250 BC by a monk named Mahinda, an envoy of the emperor Ashoka. Mahinda and his fellow monks founded a monastic community at the Mahāvihāra ('Great Monastery') in the capital, Anurādhapura. It was in Sri Lanka some time around 80 BC that the Pali Canon was first written down, as a result of fears that the method of oral transmission would not survive due to warfare and famine.

One of the most famous residents of the island was the Indian monk Buddhaghosa who arrived in the fifth century AD. Buddhaghosa collated and edited the early commentaries on the canon and translated them into Pali. His status and influence may be likened to that of the Christian Church father Saint Augustine (354–430) who lived shortly before him. Buddhaghosa's classic work the *Visuddhimagga* or 'Path of Purification' – a compendium of doctrine and practice – has remained a landmark in Theravāda literature.

From the earliest times Buddhism and politics have been entwined in the country's history, and there has been a close reciprocal relationship between Church and State, or the *Saṅgha* and the king. Kings were consecrated by monks, and monks served as counsellors, interpreting

Buddhist teachings for the ruler. Although monks are barred by the present-day constitution from holding political office, they retain considerable influence in public affairs. Buddhism has undergone several periods of decline in the course of its history in Sri Lanka. Often these occurred in the aftermath of invasion – such as by Indian Tamils – or periods of civil unrest. On several occasions the ordination tradition for monks died out, and monks had to be sent for from Burma in 1065 and later Thailand in 1753 in order to restart it. In recent decades the country has been divided by a bitter ethnic feud between the majority Sinhalese population, who are Buddhists, and a minority Tamil population in the north which is mainly Hindu. Buddhism itself, however, continues to flourish, having successfully responded to the challenge of colonialism and adapted to modern democracy.

South-East Asia

Other important Theravāda countries in South-East Asia are Burma (now officially known as Myanmar) and Thailand (formerly Siam). Theravāda Buddhism may have been introduced to this region by one of Ashoka's missions, and it has been present among the native Mon people from the early centuries of the Christian era. South-East Asia has traditionally looked to India for its cultural inspiration, and the influence of both Buddhism and Hinduism has been strong throughout the region. From the fifth to the fifteenth centuries the dominant power in the area was the Khmer empire, in which various forms of Hinduism and Mahāyāna Buddhism were popular. The Burmese chronicles claim that Buddhaghosa visited Burma and established a tradition of Pali scholarship. Various schools of Buddhism flourished until King Anawrahta (1044–77) unified the country by conquering the southern part and gave his allegiance to the Theravāda, although it is likely the Theravāda was dominant even before then. The Mons subsequently recovered their independence and were not finally suppressed until the seventeenth century. Anawrahta's capital, Pagan, was sacked by the Mongols in 1287 and the city with its many thousand pagodas and temples was abandoned. Despite this setback Buddhism recovered and has flourished, and some 85 per cent of the population are now Theravāda Buddhists.

Theravāda had long been established in parts of the neighbouring territory now known as Thailand, notably in the Mon kingdom of Haripuñjaya and the kingdom of Dvāravatī, and in the eleventh century missions were sent from Burma into the region. The Thai people, who arrived in the region in the thirteenth century having been displaced from China by the Mongols, found the Theravāda tradition more congenial than the elaborate Mahāyāna forms of Buddhism they had been familiar with in the north. The Theravāda received royal patronage and before long replaced its rivals. Today it is the official religion of Thailand.

The history of Buddhism in Cambodia, Laos, and Vietnam is not dissimilar, although as one moves further east Theravāda Buddhism progressively gives way to Mahāyāna forms. Much religious syncretism is found in these areas in the form of blends of Theravāda, Mahāyāna, and local indigenous religions. When Buddhism spreads it tends not to eradicate existing beliefs but to incorporate them, along with local gods and spirits, into its own cosmology. It is quite common to find Buddhists at the village level turning to the local gods for solutions to everyday problems – such as curing an illness or finding a marriage partner – and to Buddhism for answers to the larger questions about human destiny.

This pattern of overcoding indigenous beliefs is also found in north Asia where Mahāyāna Buddhism predominates. Mahāyāna Buddhism flourished throughout central Asia, and in China's Han regions & Tibet, Japan, and Korea. Here I will give only a brief overview of the main developments in China's Han regions, Japan, and China's Tibet.

China's Han Regions

Buddhism spread north from India into Central Asia and reached China by the middle of the first century. At this time the later Han Dynasty (206 BC–AD 220) had consolidated Chinese power in Central Asia, and Buddhist monks travelled with caravans which traversed the silk route, the primary artery for the transmission of luxury items from China to the West. To the pragmatic Chinese, Buddhism was both strange and fascinating. The dominant ideology in China was Confucianism, a system of socio-ethical principles deriving from the teachings of the sage K'ung fu-tzu, or Confucius (550–470 BC). On certain matters Buddhism seemed in conflict with Confucian values. Confucianism regarded the family as the foundation of society, and the Buddhist invitation to sons and daughters to leave their families and renounce the world caused it to be seen with the same suspicion as certain cults today. The Buddhist *Saṅgha*, moreover, as a corporation of renunciates, seemed like a state within a state, a challenge to the power of the emperor and a threat to the seamless fabric of social life which was the Confucian ideal. Monks also refused to bow before the emperor, since in

7. ***The Diamond Sūtra***: The world's oldest printed text is a copy of the *Diamond Sūtra*, an important scripture of the Mahāyāna. The copy is dated AD 868

India monks were deferred to by laymen. Cultural differences of this kind gave rise to conflict and misunderstanding, and fuelled hostility towards the new religion.

On the other hand there was much about Buddhism that attracted the Chinese. It seemed to take up where Confucianism left off, and described an unseen world about which Confucianism had little to say. A disciple of Confucius once asked, 'Master, how should we treat the spirits and divinities?' The reply was, 'You cannot treat the spirits and divinities properly before you learn to treat your fellow men properly.' When the questioner enquired about death, Confucius gave a similar answer: 'You cannot know about death before you know about life' (*Analects*, xi. 12). In relegating the supernatural to second place, Confucianism left unanswered questions about which many Chinese were curious. Buddhism seemed to have answers to these questions, especially those concerning death and the afterlife, a subject which was of particular interest to the Chinese in view of the deep respect in which ancestors were held. Thus while many Chinese accepted Confucianism as the authoritative guide to this world, they turned to Buddhism for guidance about the next.

Buddhism shared certain similarities with another Chinese philosophy, Taoism, a form of nature-mysticism founded by the legendary sage Lao-tzu (b. 604 BC). The goal of Taoism is to live in harmony with nature by learning to balance the complementary forces of Yin and Yang which are believed to pervade the universe. Yin is the female principle which finds expression in softness and passivity, while Yang is the male principle which manifests itself in hardness and strength. Both these qualities are present in individuals and all phenomena in varying degrees, and the interaction of these forces is what gives rise to change in the world. The sage is one who knows how to keep Yin and Yang in equilibrium and to live in harmony with the changing circumstances of life. A person who could integrate these forces in his own person was thought to gain deep spiritual peace as well as magical powers and longevity. The classic *Tao-te-Ching* or 'Book of the Way and its Virtue', attributed to Lao-tzu, sets out the principles for leading this higher life.

In certain areas Buddhism and Taoism overlapped, and Buddhist meditation seemed geared to the same goal of inner stillness and 'actionless action' (*wu-wei*) sought by the Taoist sage. A school of Chinese Buddhism known as Ch'an (the ancestor of Japanese Zen), was born from this interaction. Yet while Taoist teachings were unsystematic and emphasized quietism and inspiration, Buddhism offered a systematic philosophical framework and a tradition of textual scholarship. This aspect of Buddhism appealed to the Chinese gentry with their love of scholarship and learning, and in due course Buddhism was adopted as the third of the 'three religions' of China, although never quite managing to shake off its foreign associations. A number of Chinese monks made pilgrimages to India in search of manuscripts, notably Fa-hsien (399–413), Hsüan-tsang (630–644) and I-tsing (671–695).

The fortunes of Buddhism in China have waxed and waned over the centuries. It reached its high point under the T'ang dynasty (AD 618–907), although many Tantric masters flourished later during the Mongol period (thirteenth and fourteenth centuries).

Japan

Another important centre of Buddhism in the far east is Japan. Buddhism arrived there in the sixth century by way of Korea, but drew much of its inspiration from mainland China. The Heian period (794–1185) saw the development of schools such as the eclectic Tendai and the esoteric Shingon, both introduced from China. The Pure Land school – a distinctive form of Japanese Buddhism based on devotion to the Buddha Amida – also began to develop around this time and reached its apogee in the Kamakura period (1185–1333).

Nichiren (1222–82) reacted against what he saw as the complacency and escapism of the Pure Land School, and founded a new religious movement which made the *Lotus Sūtra* the centre of cultic practice rather than the Buddha Amida. Instead of reciting the mantra *Namu Amida Butsu* or 'Homage to the Buddha Amida' to ensure rebirth in Amida's paradise, Nichiren's followers recited the mantra *Namu myōhō renge kyō* meaning 'Honour to the *Lotus Sūtra* of the True Dharma'. It was felt that by focusing on these words with faith and devotion, all one's goals – material and spiritual – could be attained. Nichiren sought to institute a programme of socio-religious reform at a national level, and saw a great role for Japan as a centre from which his teachings would spread. To some extent his aims have been realized, and today the words *Namu myōhō renge kyō* are recited daily as part of their religious practice by millions of followers of the Nichiren Shōshū school and its breakaway offshoot, Soka Gakkai International.

In contrast to Indian Buddhism, Japanese Buddhism has a strong social orientation and emphasizes community and group values. Influential teachers such as Shinran (1173–1262) disapproved of monasticism and encouraged monks to marry and play a full part in social life (tradition has it that he practised what he preached, marrying a nun and having five children by her!).

Alongside the Pure Land and Nichiren schools, the third most important school of Japanese Buddhism is Zen, which came to Japan from China (where it was known as Ch'an) and Korea early in the thirteenth century. The word 'Zen' derives from the Sanskrit *dhyāna* (Pali: *jhāna*) meaning 'trance', and meditation plays a central role in Zen practice. Zen holds that enlightenment occurs in a moment of intuitive awakening that is beyond logical comprehension. It observes that these flashes of insight – to which it gives the name *satori* – are often triggered in the course of mundane activity when the mind is calm and relaxed, rather than when engaged in study or intellectual analysis. The experience is likened to the bottom dropping out of a bucket – it happens all of a

8. *Bodhidharma*: Bodhidharma is credited with having brought the Ch'an form of Buddhism (from which Zen derives) to China early in the sixth century. Legend has it that he spent nine years in meditation facing a wall. The drawing is by Hakuin, who lived in Japan in the eighteenth century. Eisei Bunko, Tokyo

sudden and quite unexpectedly. Zen compares the unenlightened mind to a pool of muddy water, and argues that the best way to make it clear is to let it be rather than stir it up through the study of doctrines. Zen has an iconoclastic tendency, and seems to regard the study of texts, doctrines, and dogmas as a potential hindrance to spiritual awakening. Instead, meditation is seen as the best way of achieving mental clarity. Zen also relies on humour, spontaneity, unconventionality, poetry, and other forms of artistic expression to communicate the idea of enlightenment as a supra-rational awakening which can be transmitted from master to student, but which ultimately lies beyond mere 'words and letters'.

Of the two main branches of Zen, the Sōtō school believes that calming meditation is all that is necessary, while Rinzai Zen uses other techniques as a focus of meditation. Most well known is the use of insoluble riddles known as *kō-ans*. A well-known *kō-an* asks, 'What is the sound of one hand clapping?' The Zen master assigns such a riddle to a student to meditate on, and instructs him to return at a certain time with a solution. No rational solution (such as the answer 'silence') is acceptable: what is sought instead is a demonstration that the student has realized that the truth lies beyond rational apprehension. Only when the intellect gives up its restless quest to reduce the Truth to a theory will enlightenment dawn.

China's Tibet

The final centre of Buddhist culture to be mentioned in this survey is Tibet. Due to the difficulties of gaining access to this mountainous region and the absence of established trade routes, Buddhism did not enter Tibet until the eighth century. The form of Buddhism which flourished there is known variously as Tantra, Vajrayāna ('The Vehicle of the Thunderbolt'), or – because of the frequent use it makes of magical formulas and chants – Mantrayāna.

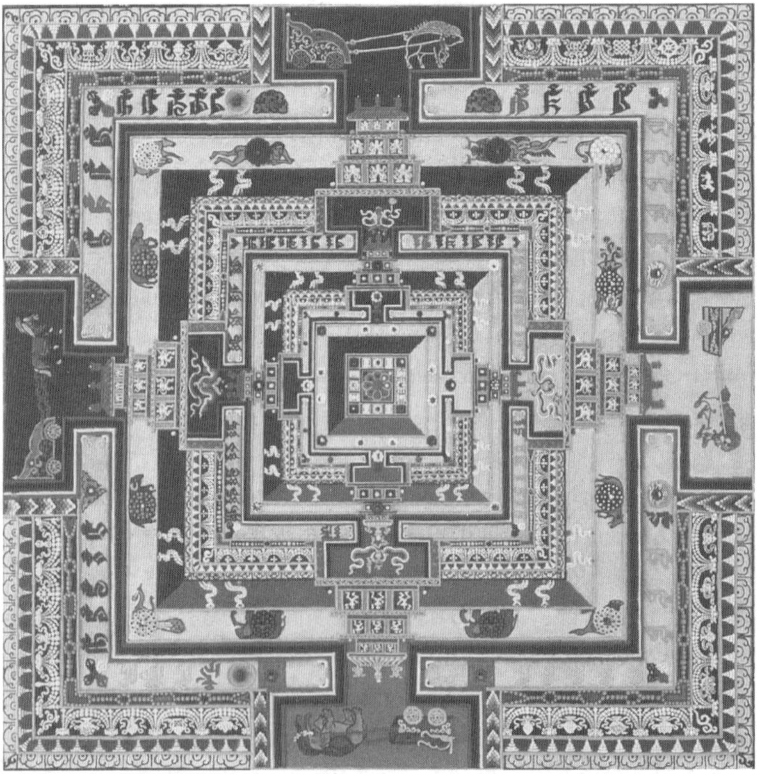

9. *Sand Maṇḍala*: This maṇḍala is made of grains of sand mixed with mineral pigments laid out using a cone-shaped fine-tipped funnel. It takes extreme patience and skill to create, and is destroyed when the ceremony for which it was produced is over. This one was created in Switzerland in 1985

The Vajrayāna adopts Mahāyāna philosophy and cosmology and adds a rich symbolism and set of religious practices of its own. The core of the movement is a set of arcane treatises known as Tantras, composed in India in the latter part of the first millennium. The Tantras makes use of mystical diagrams (*maṇḍalas*) and magic formulas (*mantras*), and are written in a mysterious 'twilight language' (*sandhyabhāṣā*) to which only initiates have the key. Initiation is given by a guru (Tibetan: lama) who then teaches the esoteric meaning of the words and symbols to his students. In its external forms Tantra resembles Western schools of ritual magic which make use of magic circles, pentagrams, spells, and charms. Based on the view that nirvana and *saṃsāra* are not different, the Tantras teach that anything - even desire - can profitably be used as a means to liberation. The passions come to be regarded not as inherently wicked but simply as a powerful form of energy which - rather like electricity - can be used for many purposes. Sexual desire, in particular, formerly regarded as the greatest obstacle to religious progress for monks, came to be seen as a potent force which, if properly harnessed, could accelerate spiritual development.

Tantric teachings can be understood on various levels. Some Buddhists formed secret groups - not unlike covens - to perform rituals of a sexual nature. Others saw the teachings as allegorical, and not to be taken at face value. Much Tibetan art and iconography has an explicitly sexual content, but this is usually interpreted in a symbolic way such that the male partner represents skilful means (the various techniques by which bodhisattvas lead beings to enlightenment) while the female represents Wisdom: their blissful sexual union is nirvana. The most influential school of Tibetan Buddhism, the Gelug-pa founded by Tsong-kha-pa in the fourteenth century, saw Tantra in the latter way as a vehicle for embodying profound spiritual truth rather than an invitation to people to overturn moral norms. The monks of this school, like their early Indian counterparts, hold strictly to the Monastic Rule which, amongst its many other requirements, insists on celibacy for monks. One school, the Nying-ma-pa ('the Ancients'), however, allows a form of married priesthood.

The Tibetan Dalai Lamas are members of the Gelug-pa school. 'Dalai' is a Mongol word meaning 'ocean' (of wisdom), a title conferred by the Mongol ruler Altan Khan in the sixteenth century. The office of Dalai Lama encompassed both the religious and temporal domains.

The history of Buddhism in Asia and its mode of interaction with other cultures is as fascinating as it is complex. This chapter has attempted to convey merely an impression of the richness and diversity of Buddhism in the Asian continent. The important contributions made by many other Asian cultures, such as Korea, to the historical evolution of Buddhism have been omitted for reasons of space. More detailed studies on the cultures mentioned above will be found in the section on 'Further Reading' at the end.

Chapter 7

Meditation

The importance of meditation in Buddhism can be appreciated by recalling that it was while meditating that the Buddha gained enlightenment. The image of the Buddha seated cross-legged in meditation (see p. 85) is one of the most popular themes in Buddhist art, and a constant reminder of the close association between meditation and enlightenment. Virtually all schools of Buddhism see meditation as the high road to enlightenment, and it constitutes a major part of the 'experiential' dimension of Buddhism as a religion.

Meditation (*Samādhi*) is one of the three divisions of the Eightfold Path, and thus occupies a central place in Buddhist practice. The more general term for meditation in Buddhism, however, is *bhāvanā*, which means 'cultivation' or literally 'making become'. The literal meaning is quite appropriate, for meditation is the principal Buddhist strategy for making oneself what one wishes to be.

The Indian Background

The meditational techniques in use in the Buddha's day were part of a common spiritual toolkit shared by renouncers (*samaṇas*) and those religious practitioners who followed the orthodox tradition of Indian religion (*brāhmaṇas*). A few centuries before the Buddha's time, an upsurge of interest in the interior dimension of spiritual life led to the

10. *The Buddha meditating*: This massive sculpture shows the Buddha meditating in the lotus posture with hands resting in his lap. Amida Buddha, Kamakura, Japan, AD 13th cent.

composition of a body of religious literature known as the *Upaniṣads*. These treatises sought to explain the relationship between the inner Self (*ātman*) and the cosmic ground of being, and described mystical techniques by which the Self could realize its identity with that highest reality (*brahman*). Although the Buddha disagreed with the underlying philosophy of these texts, he was none the less in sympathy with their message that salvation must be sought within, and could only come through a deep understanding of one's nature.

In addition to the teachings of the *Upaniṣads*, the Buddha would also have been familiar with the beliefs and practices of the Yoga tradition. Although basing themselves on philosophical teachings which the Buddha rejected, practitioners of yoga developed a sophisticated set of techniques for disciplining both the mind and body. Yoga is related to the English word 'yoke', and yoga practice involves a sophisticated spiritual technology for yoking and harnessing the powers of the mind. Most readers will be familiar with the various physical exercises and postures of yoga, the purpose of which is to make the body supple, pliant, and healthy. The techniques of meditation used in yoga do roughly the same thing for the mind, providing a comprehensive tune-up kit for peak mental functioning. The Buddha thus did not invent meditation, but, as we shall see below, he did introduce significant modifications to the methods of his contemporaries which makes Buddhist meditation distinctive in both theory and practice.

The Nature of Meditation

But what exactly *is* meditation? Meditation may be defined as an altered state of consciousness which is induced in a controlled manner. There is nothing very mysterious about it, and people slip in and out of trance-like states akin to meditation spontaneously in the course of waking life. A good deal of waking life is punctuated by daydreams, reveries, and fantasies in which the mind withdraws to contemplate an interior landscape. Sometimes these reveries can be quite absorbing, as when driving a car one suddenly finds oneself at the destination with very little recollection of the trip. Taking drugs may also produce effects not unlike those experienced in meditation.

The main differences between meditation and the states mentioned above are the degree of control exercised and the depth and duration of the experience. Also – unlike drugs – with meditation there are no side effects or 'bad trips', and the benefits are cumulative and sustained. In the normal waking state the mind meanders in and out of trance-states continually. Someone interrupted in the course of a reverie may remark that his mind was 'elsewhere'. The goal of meditation is not to be 'elsewhere' but to be right here, fully conscious and aware. The aim is to 'get one's head together', and become mentally concentrated rather than fragmented. A laser beam provides a good analogy: when light is diffuse it is relatively powerless, but when focused and concentrated it can cut through steel. Or, to use sound as a metaphor rather than light, the aim of meditation is to screen out mental 'static' and reduce the mental 'chatter' which dissipates psychic energy.

The Practice of Meditation

Meditational theory recognizes a close relationship between body and mind, so before the mind can become completely calm the body must be composed. The traditional posture for meditation is to sit cross-legged, using a cushion if necessary, with the back straight, head slightly inclined, and hands resting in the lap. This is known as the 'lotus posture' (the Buddha is depicted in this posture on p. 85). Although it may feel unnatural at first to a beginner, with a little practice this position can be held for long periods of time. It allows the meditator to breathe in a deep and relaxed way and to remain comfortable but alert. Meditation can be performed in any position which is comfortable, but if the position is too comfortable there is a risk of falling asleep. Control of the mind when asleep is obviously very difficult, although there is a Tibetan practice known as 'dream yoga' in which awareness is cultivated during lucid dreams.

Once a comfortable posture has been established a suitable object for meditation is chosen. When the Buddha left home he studied separately with two teachers of meditation, and it can reasonably be assumed that what they taught him – namely how to enter and abide in a deep state of trance – was typical of the meditation practised at the time. What instructions would the Buddha's two teachers have given to their student? We cannot know for sure, but they may have advised him to

Sphere	Level of Trance	Characteristics	
	The Attainment of Cessation	'Touching Nirvana with the Body'	
Sphere of Formlessness	8th *Jhāna*	Neither perception nor non-perception	
	7th *Jhāna*	Nothingness	
	6th *Jhāna*	Infinite Consciousness	
	5th *Jhāna*	Infinite Space	
Sphere of Pure Form	4th *Jhāna*	Concentration Equanimity 'Beyond pleasure and pain'	Psychic powers attained at this stage
	3rd *Jhāna*	Concentration Equanimity	Clairvoyance Clairaudience Retrocognition Telepathy Psychokinesis
	2nd *Jhāna*	Concentration Rapture Joy	
	1st *Jhāna*	Discursive thought Detachment Rapture Joy	

The Eight Stages of Trance (jhāna) *and their characteristic features*

concentrate on his breathing, or to repeat a *mantra* silently to himself. Alternatively, they might have placed an object a few feet away – perhaps a small everyday item such as a pot or a flower – and instructed him to study it carefully, noting every detail until he could recreate a perfect mental image of the object with his eyes closed. The object of these exercises is for the mind to become completely engrossed in the object until the awareness of subject and object dissolves in a unified field of consciousness.

Meditation is by no means easy to master, since the mind continually throws up distractions. Buddhist sources compare the mind to a monkey which swings through the trees, taking hold of one branch after another. The reader may wish to put this to the test by concentrating on one of the illustrations in this book, such as the sand *maṇḍala* on p. 81, and noting how little time it takes for the mind to become restless and move elsewhere. Firm and steady concentration comes only with regular practice and it normally takes several months before results are achieved. Learning to meditate is a bit like learning to play a musical instrument: it requires determination, commitment, and daily practice.

Results eventually manifest themselves in the form of heightened powers of concentration and an increasing sense of calm and inner stillness, which is carried over into everyday life. Distractions, worries, doubts, and fears lose their hold over the mind, and the meditator becomes generally more 'together', living more fully in the here and now. Meditators who are particularly adept may eventually achieve a lucid state of rapt absorption known as *samādhi*, a condition of complete and unwavering inner stillness. Under his teachers the Buddha was able to achieve two particularly lofty states of this kind, which subsequently became incorporated into the formal Buddhist meditational framework as the seventh and eighth *jhānas*.

The *Jhānas* or Levels of Trance

The basis of this framework are the *jhānas* (Sanskrit: *dhyāna*) or levels of trance. In the first and lowest *jhāna*, the mind thinks discursively but is filled with detachment, rapture, and joy. In the second *jhāna*, discursive thought falls away and is replaced by absorption (*samādhi*) and a heightened sense of awareness. In the third *jhāna*, rapture is replaced by equanimity, and in the fourth even equanimity gives way to a state described as 'beyond pleasure and pain'. These mystical experiences seem to transcend linguistic categories, and it is not easy to find the appropriate vocabulary to describe them. It can be seen, however, that the trend is for the higher states of trance to be increasingly subtle and sublime, and for the grosser, more emotional, elements such as excitement and rapture to be replaced by a deeper and more refined absorption. This leads to a condition called 'one-pointedness' (*ekaggatā*) in which the mind remains fixed exclusively on the object of meditation in the laser-like manner referred to above.

In the fourth *jhāna* the meditator can develop various psychic powers corresponding roughly to what in the West is known as extra-sensory perception (ESP). These include the power to see events occurring in remote places (clairvoyance), to hear distant sounds (clairaudience), to recall previous lives (retrocognition), and to know the thoughts of others (telepathy). A collection of miscellaneous psychokinetic powers are also acquired such as the ability to fly through the air, walk on water, and create duplicate bodies. There is nothing distinctly Buddhist about these abilities and they are widely acknowledged in Indian thought as attainable by anyone wishing to invest the necessary time and effort. Although the Buddha is said to have possessed these abilities himself, he sometimes mocked those who went to great lengths to acquire them, pointing out that rather than devote years of one's life to learning to walk on water it was simpler to engage the services of a boatman!

During the deeper stages of meditation the main bodily functions become subdued, and breathing is all but suspended. Research suggests that the brain generates more alpha-waves in this state, indicating a condition of relaxed creativity. Many unusual sensations may occur: perceptions of light are common along with a feeling of floating or lightness in the limbs. At the deeper levels of trance, it is said that the natural purity of the mind, normally screened by the static of waking consciousness, manifests itself in its full radiance. The mind in this condition is likened to purified gold in the malleable and pliable state from which precious objects are formed by a skilful artisan. In this case the artisan is the meditator who, having access to the deep levels of the psyche, is equipped to undertake the task of remodelling himself.

Later literature provides a list of forty meditation subjects. To choose the right subject requires skill and discrimination, and a teacher is invaluable in assessing the personality of the student and finding the right subject to suit his or her personality and spiritual needs. For example, someone who is attached to bodily pleasure might be instructed to meditate on the body as impermanent, subject to old age and sickness, and full of impurities, in order to weaken attachment to it. A person of simple piety, on the other hand, might be instructed to meditate on the Buddha and his virtues, or on the 'Three Jewels', namely the Buddha, the Dharma, and the *Saṅgha*. There are also more gruesome subjects, such as the charred and dismembered bodies seen in the cremation ground. The purpose of this meditation is to come face to face with death and realize how urgent it is to make the best use of the precious opportunities which human rebirth has bestowed.

The Four Measureless States

Among the most popular meditation subjects are the four 'Measureless States', (*Brahma-vihāra*) namely lovingkindness (*mettā*), compassion (*karuṇā*), sympathetic joy (*muditā*), and equanimity (*upekkhā*). The practice of lovingkindness involves developing an attitude of benevolence, friendship, and goodwill towards all living creatures. The meditator begins with himself as the object of goodwill. This requirement is not narcissistic, and is based on the shrewd observation that a person is only capable of loving others to the extent that he is capable of loving himself. Someone affected by low self-esteem or consumed by self-loathing will not be capable of loving others fully. The meditator reviews his good and bad points as objectively as possible while keeping in mind the thought 'may I be happy and free from suffering'. He then gradually extends the circle of benevolence to others 'like a skilled ploughman marks out his territory and then covers it', incorporating his family, the neighbourhood, town, state, nation, and in due course all the creatures in the six directions. At every opportunity he recalls deeds of kindness done to him by others, even in past lives. The cultivation of this universal goodwill frees the mind from partiality and prejudice, and the meditator begins to act towards others with kindness and without discrimination. The remaining three Measureless States are cultivated in a similar way. Through compassion the meditator identifies with the suffering of others, and through sympathetic joy he rejoices in their happiness and good fortune. The cultivation of equanimity ensures that these dispositions are always balanced and appropriate to the circumstances.

Meditation and Cosmology

In the tripartite division of the Buddhist universe, made up of the sphere of sense-desires, the sphere of pure form, and the sphere of formlessness, the topography of the spiritual and material worlds overlap. Within this scheme the human world and the lower heavens are found at the bottom within the sphere of sense-desires, while the four *jhānas* just considered are mapped to second level, the sphere of pure form. The gods who dwell in the various levels of the sphere of pure form thus abide in the same state of mind as the meditator in the corresponding *jhāna*. The corollary of this is that meditation provides an experience of heaven. To the basic scheme of four *jhānas* another four were added and mapped to the sphere of formlessness. These four higher or 'formless' *jhānas* (so-called because being in the formless realm they have an object which is totally mental, beyond all form) correspond to the four highest cosmological planes in which rebirth can take place.

The final Buddhist scheme of meditational cosmology thus consists of the eight *jhānas* which are located in the top two-thirds of the cosmos.

Under his first teacher the Buddha attained the seventh, and under his second teacher the eighth and highest. A ninth stage known as the 'attainment of cessation' (*nirodha-samāpatti*) is also mentioned in some sources. In this stage all mental operations are completely suspended, and even heartbeat and respiration cease. Life subsists simply in the form of residual bodily heat. A person can, we are told, remain in this state for several days, eventually emerging from it spontaneously at a predetermined time. This condition is held to be the closest anyone can come to experiencing final nirvana while still alive, and is described as 'touching nirvana with the body'.

Insight Meditation (*Vipassanā*)

If meditation is such a powerful technique, why did the Buddha turn his back on his teachers? The Buddha's reason for leaving was that he came to see that entering into a state of trance, however blissful and serene, was only a temporary diversion and not a permanent solution to suffering. Meditational states, like everything else in *saṃsāra*, are impermanent and do not last. What these teachers and their meditational techniques failed to provide was the kind of deep philosophical insight into the nature of things which is needed for complete liberation.

The Buddha, therefore, developed a completely new meditational technique to supplement the practices he learned from his teachers. To the kind of techniques already described, which in Buddhism go by the generic name of 'calming meditation' (*samatha*), the Buddha added a new one called 'insight meditation' (*vipassanā*). The goal of this was not peace and tranquillity but the generation of penetrating and critical insight (*paññā*). Whereas in calming meditation intellectual activity subsides at an early stage (on reaching the second *jhāna*), in insight meditation the object of the exercise is to bring the critical faculties fully into play in a detailed reflexive analysis of the meditator's own state of mind. In practice, the two techniques of calming and insight are normally used back-to-back within the same session: calming may be used first to concentrate the mind and then insight to probe and analyse. It is impossible to practise insight meditation without having reached at least the level of calm of the first *jhāna*.

In insight meditation, the meditator examines every aspect of his subjective experience, breaking this down into four categories: the body and its physical sensations; feelings; mood; and mental patterns and thoughts. A typical session might proceed by extending awareness of the rise and fall of the breath to the rest of the body. Every minor sensation would be noted such as twinges, aches, itches and the impulse to move and scratch. The meditator does not respond to these impulses since the purpose of the exercise is to note with bare attention how bodily sensations arise and subside without reacting to them in the normal semi-automatic way. By learning to observe without becoming involved, the pattern of stimulus–response which underlies much human behaviour can be broken. Little by little the realization dawns that one is free to choose how to react in all situations regardless which buttons are pushed. The grip of long-standing habits and compulsions is weakened and replaced with a new sense of freedom. The analysis is gradually extended to the whole body, the intellect being wielded like a surgeon's scalpel to dissect the various bodily parts and functions. From this the awareness arises that the body is nothing more than a temporary assemblage of bones, nerves, and tissues, certainly not a worthy object to become infatuated with or excessively attached to.

Next, attention is directed to whatever feelings arise. Pleasant and unpleasant feelings are noted as they arise and pass away. This sharpens the perception of impermanence and gives rise to the knowledge that even those things which seem most intimate to us – such as our emotions – are transient states which come and go. Next, the subject's current mood and the constant fluctuations in its overall quality and tone are observed, and finally the stream of thoughts which passes through the mind. The meditator must resist the temptation to lose himself in the daydreams and fantasies which inevitably arise. Instead, he simply observes with detachment as the thoughts and images follow one another, regarding them like clouds passing across a clear blue sky, or bubbles floating to the top of a glass. From this detached observation it gradually becomes clear that even one's conscious mind is but a process like everything else. Most people regard their mental life as their true inner essence (one thinks of Descartes's famous statement 'I think therefore I am'), but insight meditation discloses that the stream of consciousness is just one more facet of the complex interaction of the five factors of individuality, and not what one 'really is'.

The realization that there is no hidden subject who is the owner of these various sensations, feelings, moods, and ideas, and that all that exists are the experiences themselves, is the transformative insight which triggers enlightenment. The recognition that there is ultimately no subject that 'has' desires weakens and finally destroys craving once and for all, making it 'like a palm tree whose roots have been destroyed, never to grow again'. Experientially, it is as if a great burden has been lifted: the clamourings of the ego, with its vanities, illusions, cravings, and disappointments, are silenced. The result is not some kind of Stoic passivity, for emotion is not suppressed but merely freed from the distorting gravitational pull of the ego. Others begin to come more fully within one's emotional horizon as the merry-go-round of selfish craving and gratification slows and stops, to be replaced by a deep and lasting sense of peace and contentment.

Summary

Meditation is of great importance and is central to the practice of the Eightfold Path. Through the cultivation of attitudes such as benevolence, using the techniques of calming meditation, a deep moral concern for others is fostered. Based on this concern one begins to act spontaneously for their welfare and to place their interests on a par with one's own. The Buddhist version of the Golden Rule advises: 'Since all beings seek happiness and shun suffering, one should never do anything to that one would not like to be done to oneself.' By acting in accordance with principles of this kind one becomes perfect in Virtue (*sīla*). By cultivating analytical understanding, through insight meditation, Wisdom (*paññā*) arises, and one comes to understand the Truth of Suffering, the Truth of Arising, the Truth of Cessation, and the Truth of the Path.

The three components of the Eightfold Path – Morality, Meditation, and Wisdom – are thus like the three sides of a triangle. Meditation, however, is not just a *means* to Virtue and Wisdom: it if were, it would be merely a technique which can be discarded once they had been attained. Since the Buddha continued to practise meditation even after his enlightenment it can safely be concluded that the states experienced in meditation are intrinsically valuable human experiences. An analogy can be drawn with swimming: a person learns to swim *by* swimming, but then rather than stop, swims for the sheer satisfaction and well-being that the exercise provides.

Chapter 8
Ethics

Dharma

Morality (*sīla*) is the first of the three divisions of the Eightfold Path and the foundation of the religious life. Moral development is a prerequisite for the cultivation of Meditation (*samādhi*) and Wisdom (*paññā*). To live a moral life is to live in accordance with Dharma. The term 'Dharma' has many meanings, but the underlying idea is of a universal law which governs both the physical and moral order of the universe. Dharma is neither caused by nor under the control of a supreme being, and the gods themselves are subject to its laws. In Buddhism the term is used to denote both the natural order, and – as already noted – the entire corpus of Buddhist ethico-religious teachings. There is felt to be a correspondence between the two in the sense that Buddhist teachings are thought to be objectively true and in accordance with the nature of things.

Dharma may be translated as 'Natural Law', a term which captures both its main senses, namely as the principle of order and regularity seen in the behaviour of natural phenomena, and also the idea of a universal moral law whose requirements have been discovered by enlightened beings such as the Buddha (note that the Buddha discovered Dharma, he did not invent it). Every aspect of life is regulated by Dharma; the physical laws which regulate the rising of the sun, the succession of the seasons, the movement of the constellations. In the moral order,

Dharma is manifest in the law of karma, which governs the way moral deeds affect individuals in present and future lives. Living in accordance with Dharma and implementing its requirements leads to happiness, fulfilment and salvation; neglecting or transgressing against it leads to endless suffering in the cycle of rebirth (*saṃsāra*).

Buddhist Precepts

There are five main sets of precepts in Buddhism:

1. The Five Precepts (*pañcasīla*)
2. The Eight Precepts (*aṭṭhaṅgasīla*)
3. The Ten Precepts (*dasasīla*)
4. The Ten Good Paths of Action (*dasakusalakammapatha*)
5. The Monastic Disciplinary Code (*pātimokkha*)

The most widely observed of these codes is the first, the Five Precepts for laymen. The Five Precepts forbid (1) killing, (2) stealing, (3) sexual immorality, (4) lying, and (5) taking intoxicants. The core of Buddhist morality is contained in the first four. These are supplemented by more rigorous precepts according to the status of the practitioner or to suit particular ceremonial occasions. The fifth precept, against taking intoxicants, for example, is thought to be particularly relevant for layfolk, while the Eight and Ten precepts, which supplement the basic five with additional restrictions such as on the time when meals may be taken, are commonly adopted as additional commitments on holy days (*uposatha*). The Monastic Disciplinary Code (*pātimokkha*) contained in the Monastic Rule (*vinaya*) is a set of over two hundred rules (the exact number varies slightly between schools) which set out in detail the regulations for communal monastic life.

In common with Indian moral tradition as a whole, Buddhism expresses its ethical requirements in the form of duties. The most general moral duties are those found in the Five Precepts, such as the duty to refrain from killing, stealing, and so forth (see text box on p. 98). These apply to everyone without exception. On becoming a Buddhist one formally 'takes' (or accepts) the precepts in a ritual context, and the form of words used acknowledges the free and voluntary nature of the duty assumed.

Virtues

Although the precepts are of great importance in Buddhist morality, there is more to the moral life than following rules. Rules must not just be followed, but followed for the right reasons and with the correct motivation. It is here that the role of the virtues becomes important, and Buddhist morality as a whole may be likened to a coin with two faces: on one side are the precepts and on the other the virtues. The precepts, in fact, may be thought of simply as a list of things which a virtuous person will never do.

Early sources emphasize the importance of cultivating correct dispositions and habits so that moral conduct becomes the natural and spontaneous manifestation of internalized and properly integrated beliefs and values, rather than simple conformity to external rules. Many formulations of the precepts make this clear. Of someone who follows the First Precept it is said in the texts, 'Laying aside the cudgel and the sword he dwells compassionate and kind to all living creatures' (D.i.4). Abstention from taking life is therefore ideally the result of a compassionate identification with living things, rather than a constraint which is imposed contrary to natural inclination. To observe the first precept perfectly requires a profound understanding of the relationship between living things (according to Buddhism, in the long cycle of reincarnation we have all been each others' fathers, mothers, sons, etc.) coupled with an unswerving disposition of universal benevolence and compassion. Although few have perfected these capacities, in respecting the precepts they habituate themselves to the condition of one who has, and in so doing come a step closer to enlightenment.

The virtues, as Aristotle, points out, are about what is difficult. The task of the virtues is to counteract negative dispositions (or vices) such as pride and selfishness. The lengthy lists of virtues and vices which appear in later literature are extrapolated from a key cluster of three virtues, the three Buddhist 'Cardinal Virtues' of non-attachment (*arāga*), benevolence (*adosa*), and understanding (*amoha*). These are the opposites of the three 'roots of evil' mentioned in earlier chapters, namely greed (*rāga*), hatred (*dosa*), and delusion (*moha*). Non-attachment means the absence of that selfish desire which taints moral behaviour by allocating a privileged status to one's own needs. Benevolence means an attitude of goodwill to all living creatures, and understanding means knowledge of human nature and human good as set out in doctrines such as the Four Noble Truths.

Ahiṃsā, or the Inviolability of Life

The cornerstone of Buddhist ethics is its belief in the inviolability of life. This ideal was promoted vigorously by the unorthodox renouncer (*samaṇa*) movements such as Buddhism and Jainism (a renouncer tradition similar to Buddhism in certain respects and founded slightly earlier), but increasingly influenced orthodox schools. Animal sacrifice, which had played an important part in religious rites in India from ancient times, was rejected by both Buddhism and Jainism as cruel and barbaric. Due in part to their influence, blood sacrifices in the orthodox Brahmanical tradition came increasingly to be replaced by symbolic offerings such as vegetables, fruit, and milk.

Among the renouncers, the principle of the sanctity of life, or *ahiṃsā*, was sometimes taken to extremes. Jain monks, for example, took the greatest precautions against destroying tiny forms of life such as insects, even unintentionally. Their practices had some influence on

Buddhism, and Buddhist monks often used a strainer to make sure they did not destroy small creatures in their drinking-water. They also avoided travel during the monsoon to avoid treading on insects and other small creatures which became abundant after the rains. In some Buddhist cultures the practice of agriculture is frowned upon because of the inevitable destruction of life caused by ploughing the earth. In general, however, although Buddhism shared the traditional Indian (and Indo-European) view of the sanctity of life, it regarded the destruction of life as morally wrong only when it was caused intentionally or as a result of negligence.

Abortion

How do Buddhist ethical teachings like *ahiṃsā* affect its approach to contemporary moral dilemmas such as abortion? Is Buddhism 'pro-life' or 'pro-choice'? The Buddhist belief in rebirth clearly introduces a new dimension to the abortion debate. For one thing, it puts the question 'When does life begin?' – a key question in the context of abortion – in an entirely new light. For Buddhism, life is a continuum with no discernible starting point. Birth and death are like a revolving door through which an individual passes again and again. But does belief in rebirth increase or reduce the seriousness of abortion? It may be thought that it reduces it, since all that has been done is to postpone rebirth to a later time. Traditional sources, however, do not take this view, and regard the intentional killing of a human being at any stage of life as wrong, regardless of the fact that he or she will be born again.

Although in one sense life is a continuum, Buddhism also believes that each life as an embodied individual (one's existence this time as George or Georgina) has a clear beginning and end. From the earliest times Buddhist sources have been quite clear that individual human life begins at conception, a view widely shared in contemporary Buddhist societies. The ancient authorities, of course, had an imperfect knowledge of embryology, particularly concerning conception, but their understanding of foetal development as a gradual process with a definite starting point was not very different to that of modern science. Interpreting the early sources in the light of modern scientific discoveries such as ovulation, most Buddhists have arrived at the conclusion that individual life begins at fertilization, the moment when the sperm and ovum come together. Because of this, in the more traditional Buddhist countries such as Sri Lanka and Thailand, abortion is illegal with certain limited exceptions, such as when necessary to save the mother's life. Elsewhere in Asia practice varies. In Japan (where Buddhism has been influential but is not the state religion), abortion is legal and around a million abortions are performed each year. This compares with a figure of 1.5 million for the United States, a country with over twice the population of Japan. The annual total for the United Kingdom is around 180,000.

While recognizing that abortion means taking life, Buddhism is also renowned for its benevolence, toleration, and compassion. Some contemporary Buddhists, especially in the West, feel that there is more to be said on the matter than is found in the ancient sources, and that there may be circumstances in which abortion may be justified. For one thing, early Buddhist attitudes were formulated in a society which took a very different view of the status of women from that of the modern West. Feminist writers have drawn attention to the patriarchal nature of traditional societies and to the institutionalized repression of women down the centuries (others deny that either of these historical claims is correct, except at specific times and places). It has also been argued that abortion rights are integral to the emancipation of women and are necessary to redress injustice. Buddhists who are sympathetic to this view and who support the notion of the woman's 'right to choose' may recommend meditation and discussion with a Buddhist teacher as ways in which the woman can get in touch with her feelings and come to a decision in harmony with her conscience.

A constructive contribution to the dilemma posed by abortion has been

11. *Statues of the bodhisattva Jizō representing aborted children*: Hasedera Temple, Kanagawa Prefecture, Japan

evolved in recent decades by Japanese Buddhists. The problem of abortion in Japan is particularly acute because the contraceptive pill has not been widely available, apparently because of concerns about side effects. In the absence of effective prevention an efficient (and profitable) abortion industry has emerged to deal with the problem of unwanted pregnancies. Faced with the pain and anguish these situations create, Japanese society has searched its ancient cultural heritage and evolved a unique solution, in the form of the *mizuko kuyō* memorial service for aborted children.

The service is generally a simple one in which a small figure of the bodhisattva Jizō represents the departed child. Often the image is decorated with a child's bib, and toys are placed alongside (see above). Traditionally the image would be placed in the home or at a small roadside shrine, but in recent years specialist temples have appeared which offer commemorative services of various degrees of sophistication. The ceremony can take many forms, but would typically involve the parents, and sometimes other members of the family, paying their respects to the image by bowing, lighting a candle, and perhaps reciting a Buddhist *sūtra*. The rite may be repeated at intervals such as on the anniversary of the abortion. The public nature of the ceremonial simultaneously acknowledges the child that has been lost and helps those involved come to terms with the event on an emotional level. Some Western clergy have shown interest in following the Japanese example developing a Christian version of the *mizuko kuyō* ritual for use in churches in the West. Perhaps this is an indication of the way in which Buddhism is already beginning to influence Western culture.

Rights

While duties have been mentioned, nothing has so far been said about rights. Slogans such as the 'right to choose', 'the right to life', and (in the context of euthanasia) the 'right to die', are the common currency of contemporary debate. However, there is no word in early Buddhist sources corresponding to the notion of 'rights' in the way understood in the West. The concept of a right emerged in the West as the result of a particular combination of social, political, and intellectual developments which have not been repeated elsewhere. From the Enlightenment in the eighteenth century, it has occupied centre-stage in legal and political discourse, and provides a supple and flexible language in terms of which individuals may express their claims to justice. A right may be defined as an exercisable power vested in an individual. This power may be thought of as a benefit or entitlement, which allows the right-holder to impose a claim upon others or to remain immune from demands which others seek to impose.

If Buddhism has no concept of rights, how appropriate is it for Buddhists to use the language of rights when discussing moral issues? A Buddhist may argue that the discourse of rights is not inappropriate for Buddhism because rights and duties are related. A right can be regarded as the converse of a duty. If *A* has a duty to *B*, then *B* stands in the position of beneficiary and has a *right* to whatever benefit flows from the performance of his duty on the part of *A*. Although rights are not explicitly mentioned in Buddhist sources, it may be thought that they are implicit in the notion of dharmic duties. If a king has a duty to rule justly, then it can be said that citizens have a 'right' to fair treatment. At a more general level, if everyone has a duty not to take life, then living creatures have a right to life; if everyone has a duty not to steal, then everyone has a right not to be unjustly deprived of their property. Thus it might be argued that the concept of rights is implicit in Dharma, and that rights and duties are like separate windows onto the common good of justice.

Human Rights

Contemporary human rights charters, such as the United Nations Universal Declaration on Human Rights of 1948, set out a list of basic rights which are held to be possessed by all human beings without distinction as to race or creed. Many Buddhists subscribe to such Charters, and Buddhist leaders can often be heard endorsing the principles these charters embody. Certain of these rights seem to be foreshadowed in Buddhist sources: a right not to be held in slavery can be found in the canonical prohibition on trade in living beings (A.iii.208). It is also arguable that other human rights are implicit in the Buddhist precepts. The right not to be killed or tortured, for example, may be thought of as implicit in the First Precept.

On the whole, however, traditional sources have little to say about the kinds of questions which are now regarded as human rights issues. In the absence of an explicit concept of rights, of course, this is not unexpected, but Buddhism must provide some account of how the idea of human rights can be grounded in Buddhist doctrine. How might it do this? It might begin by pointing out that human rights are closely tied to the notion of human dignity. Many human rights charters, in fact, explicitly derive the former from the latter. In many religions human dignity is said to derive from the fact that human beings are created in the image of God. Buddhism, of course, makes no such claim. This makes it difficult to see what the source of human dignity might be. If it is not to be sought at a theological level, it must be sought at the human level. In Buddhism, it seems that human dignity flows from the capacity of human beings to gain enlightenment, as demonstrated by the historical figure of the Buddha and the saints of the Buddhist tradition. A Buddha is a living celebration of human potential, and it is in the profound knowledge and compassion which he exemplifies – qualities which all human beings can emulate – that human dignity may be found. Buddhism teaches that we are all potential Buddhas (some Mahāyāna schools express this by saying that all beings possess the 'Buddha-nature' or the seed of enlightenment). By virtue of this common potential for enlightenment, all individuals are worthy of respect, and justice therefore demands that the rights of each individual must be protected.

Monastic Ethics

The life of a Buddhist monk or nun is regulated by the Monastic Rule (*vinaya*). The Monastic Rule is part of the Pali Canon and is a compendium of information about all aspects of the monastic Order. It describes its origins and history, the early councils, disputes over matters of monastic conduct, and recounts how the traditions of the order arose. Embedded in the Monastic Rule is a code of 227 articles known as the *pāṭimokkha* which provide detailed instructions as to how monks should live communally. In many respects the Monastic Rule is comparable to the Rule of St Benedict, which was introduced in the sixth century as a model for the daily life of Christian monks. The Monastic Rule, however, is much longer than the Rule of St Benedict. Amongst other things it provides an account of the circumstances as to why each rule was introduced, and of modifications which were made as new circumstances arose. The Buddha is represented as the author of the rules, although internal evidence suggests that many of them date from some time after his death. Much technical information is provided concerning the types of robes to be worn, the way dwellings should be constructed, how high beds should be off the floor, the type of mats to be used, and so on.

As well as much intricate detail on daily life, however, the Monastic Rule incorporates the major moral precepts such as those against taking life, stealing, and lying. The records of particular offences under these rubrics, moreover, are a vitally important source of information from an ethical perspective. Many of the case-histories reported shed much-needed light on the ethical principles which underlie the rules themselves. Whereas in the Buddha's discourses moral rules are commonly presented in summary form with little explanation, in the Monastic Rule it is possible to discern more clearly the nature of the wrong that is done. The commentaries and discussions concerning the interpretation of the monastic rules is the closest Buddhism comes to the discipline of moral philosophy, and provides a much-needed source of clarification on many points of ethics.

The various monastic precepts mentioned above may therefore be regarded as a combination of *moral* precepts with additional practices designed to cultivate restraint and self-discipline. The large number of monastic rules ensures standardization and conformity within monastic communities, such that disputes and disagreements are kept to a minimum and the Order presents itself as a moral microcosm for the world at large.

Skilful Means

An important innovation in Mahāyāna ethics was the doctrine of skilful means (*upāya-kauśalya*). The roots of this idea are found in the Buddha's skill in teaching the Dharma, demonstrated in his ability to adapt his message to the context in which it was delivered. For example, when talking to Brahmins the Buddha would often explain his teachings by reference to their rituals and traditions, leading his audience step by step to see the truth of a Buddhist tenet. Parables, metaphors, and similes formed an important part of his teaching repertoire, skilfully tailored to suit the level of his audience.

The Mahāyāna developed this idea in a radical way by intimating, in texts such as the *Lotus Sūtra*, that the early teachings were not just skilfully delivered, but were a 'skilful means' (*upāya*) in their entirety. This idea has certain implications for ethics. If the early teachings were provisional rather than ultimate, then the precepts they contain would also be of a provisional rather than an ultimate nature. Thus the clear and strict rules encountered again and again in the early sources which prohibit certain sorts of acts could be interpreted more in the way of guidelines for those at a preliminary stage, but not as ultimately binding. In particular, bodhisattvas, the new moral heroes of the Mahāyāna, could claim increased moral latitude and flexibility based on their recognition of the importance of compassion. A bodhisattva takes a vow to save all beings, and there is evidence in many texts of impatience with rules and regulations which seem to get in the way of a bodhisattva going about his mission. The pressure to bend or suspend the rules in the interests of compassion results in certain texts establishing new codes of conduct for bodhisattvas which sometimes allow the precepts to be broken. In the more extreme of these, even killing is said to be justified to prevent someone committing a heinous crime (such as killing an enlightened person) for which the killer would suffer karmic retribution. Telling lies, and other breaches of the precept, are also said to be permissible in exceptional circumstances.

It is not always clear, however, to what extent this 'new morality' is a departure from the traditional view. For example, if killing an assailant is the only way to prevent him committing murder, it is arguable that such an act is not against the First Precept. As always, intention is paramount. What is intended in such a case may be to neutralize the attack, not to cause the assailant's death. So long as the degree of force used is the minimum necessary to restrain the assailant, even lethal force may be justified as a last resort if the intention is to protect life rather than destroy it. In other cases where the newer 'situational' approach would lead to a clear breach of the precepts there is not much evidence of support from other sources. In general the view of both the early and later tradition is that the major moral precepts – such as those against killing, stealing, lying, and sexual immorality – express requirements of Dharma which are as universal and absolute as the obligations set forth in human rights charters.

The ethical and legal dimension of Buddhism is likely to become increasingly important as Buddhism spreads in the West. How it adapts to, and influences, Western ethics and law will be one of the most fascinating aspects of the contemporary cultural encounter which is the subject of the next chapter.

Chapter 9
Buddhism in the West

Early Contacts

Although Buddhism spread throughout Asia it remained virtually unknown in the West until modern times. The early missions sent by the emperor Ashoka to the West did not bear fruit, and Western visitors to ancient India left few traces in history.

Alexander the Great's military campaign in Asia in the fourth century BC took him as far as the river Indus, in present-day Pakistan. Alexander crossed the Indus in 326 BC but then turned back westward and died in Babylon not long after, in 323 BC. The heir to the eastern part of Alexander's empire, Seleucus Nikator, soon found himself in conflict with the Mauryan dynasty (321 BC–184 BC) in India. Eventually, in 303 BC, a peace treaty was agreed, and a Greek ambassador by the name of Megasthenes visited the court of Chandragupta Maurya, the grandfather of Ashoka, at the Mauryan capital, Pāṭaliputta (modern Patna). Following these initial contacts, tales of the holy men of India, known to the Greeks as 'gymnosophists', began to circulate in the Hellenic world. Detailed information about Indian religion, however, was sparse, and for the most part the talk was of marvels such as men who walked with their heads under one arm. Buddhism, therefore, remained virtually unknown to the classical world.

In the thirteenth century, Marco Polo travelled through Central Asia to

China, and his journey brought him into contact with the Mahāyāna form of Buddhism. Of the Buddha he wrote: 'But it is certain, had he been baptized a Christian, he would have been a great saint alongside Our Lord Jesus Christ.' Around the same time, the tale of *Barlaam and Josephaat* became one of the most popular stories of the Middle Ages: although its medieval readers would not have known, the tale is based on a life of the Buddha composed in India around a thousand years earlier. Josephaat is a corruption of the word 'bodhisattva'.

It was not until the Portuguese discovered a sea route to India in 1498 that the possibility for sustained contact between East and West arose. The residents of the prosperous empires of Asia, however, had little interest in Europeans or the remote and sparsely populated continent from which they came. For their part, the first European visitors to Asia were more intent on finding gold or making converts to Christianity than in studying 'heathen' religions. Although the Jesuits who encountered Buddhism in China and Japan from the sixteenth century were intrigued by it, it was not until the middle of the nineteenth century that serious interest in Buddhism developed and detailed knowledge of its teachings became available.

Knowledge of Buddhism has come through three main channels: the labour of Western scholars; the work of philosophers, intellectuals, writers, and artists; and the arrival of Asian immigrants who have brought various forms of Buddhism with them to America and Europe.

Academic Study

Academic interest in Buddhism developed during the colonial period, as European officials – many of them proficient amateur scholars – were posted to different parts of Asia. The earliest Buddhist texts to be studied were Mahāyāna Sanskrit manuscripts collected in Nepal by the British Resident, B. H. Hodgson. Another British civil servant who made an outstanding contribution to the study of Theravāda Buddhism was

T. W. Rhys Davids (1843–1922). Rhys Davids became interested in Buddhism during his residence in Sri Lanka and went on to found the Pali Text Society in 1881. The Society remains to this day the most important outlet for the publication of texts and translations of Pali Buddhist literature.

Professional scholars from many countries played an important role in the transmission of Buddhism to the West. In 1845 the Frenchman Eugène Burnouf published his *Introduction to the History of Indian Buddhism* and followed this seven years later with a translation of the *Lotus Sūtra*. Interest in Buddhism in Germany was stimulated by the publication of Herman Oldenberg's *The Buddha, His Life, His Doctrine, His Community* in 1881. Close to the end of the century the American Henry Clarke Warren published his *Buddhism in Translations* (1896) a fine anthology of material from the Pali Canon which has remained popular to the present day. Around this time the first Parliament of the World's Religions was held in Chicago in 1893, an event designed to bring representatives of the different world faiths together to explore the common ground they shared. The Buddhist representatives included Anagarika Dharmapala (1864–1933), a Sri Lankan who made a great impression in his speeches and public meetings. He made two further visits within the next ten years and founded an American branch of the recently established Maha Bodhi Society, the first international Buddhist association which had its headquarters in Calcutta. The American offshoot of the Society was the first Buddhist organization in the West. Shortly after the turn of the century attention broadened from south Asian Buddhism to include the study of Mahāyāna Buddhism through Chinese sources. The great Belgian scholars Louis de La Vallée Poussin and (later) Étienne Lamotte made an enormous contribution in this field. Mention must also be made of D. T. Suzuki (1870–1966), a Japanese Buddhist who promoted awareness of Zen Buddhism through his lectures and influential books.

Philosophy, Culture, and the Arts

The second way Buddhism has entered Western culture is through philosophy, culture, and the arts. The German philosopher Arthur Schopenhauer (1788–1860) was the first major Western thinker to take an interest in Buddhism. Due to the absence of reliable sources, Schopenhauer had only an imperfect knowledge of Buddhism, and saw it as confirming his own somewhat pessimistic philosophy. Of all the world religions Buddhism seemed to him the most rational and ethically evolved, and the frequent references to Buddhism in his writings brought it to the attention of Western intellectuals in the latter part of the nineteenth century.

In England, Sir Edwin Arnold (1832–1904) published his famous poem *The Light of Asia* in 1879. The poem describes the life and teachings of the Buddha in a melodramatic style which made it very popular with middle-class Victorian audiences on both sides of the Atlantic. Arnold was a Christian who saw much in common in the teachings of Jesus and the Buddha. He visited the site of the Buddha's enlightenment at Bodh Gayā in 1885 and campaigned for funds to restore it from its dilapidated condition. Around this time interest in the supernatural among the Victorians was at its height, and in 1875 Colonel Henry Olcott (1832–1907) and Madame Blavatsky (1831–91) founded the Theosophical Society which was devoted to uncovering the esoteric truth believed to lie at the heart of all religions. Attention was focused mainly on the religions of the East, and Buddhism in particular became a popular subject of study and discussion in salons and drawing-rooms.

The German novelist Herman Hesse often alluded to Buddhist themes in his writings, notably in his 1922 novel *Siddhartha*, which has been translated into many languages. In the post-war years Jack Kerouac's novels *The Dharma Bums* and *On the Road* were popular with the 'Beat' generation and provided inspiration for the counter-cultures of subsequent decades. The eclectic thinker and philosopher Alan Watts wrote a number of books on Zen which attracted a popular readership, but perhaps more than any other single work Robert M. Persig's *Zen and the Art of Motorcycle Maintenance* (1974) – although more concerned with Western philosophy than Zen – has ensured that this school of Buddhism is widely known in the West, at least by name. The cinema, too, has played its part in infusing Buddhist ideas into Western culture. Hesse's novel *Siddhartha* was made into a film which became very popular on college campuses in the 1970s.

Buddhist Immigration

The third channel for the introduction of Buddhism to the West has been immigration. This is a phenomenon which has affected the United States and Europe in different ways. The majority of Buddhist immigration has been to the United States, and began as early as the 1860s when Chinese labourers arrived to work on the railroads and in the gold mines. Immigrants from both China and Japan settled in Hawaii before it was formally annexed by the United States in 1898. Recent decades have seen an influx of immigrants from Indo-China in the wake of the Vietnam war, and perhaps half a million Buddhists from South-East Asia have settled in the USA. The tendency has been for immigrant communities to establish their own local temples as a means of preserving their distinctive cultural identity rather than for proselytizing purposes. Only after the first or second generation does a pattern of interaction with the host community develop such that individuals from different cultural backgrounds meet as 'Buddhists' rather than as members of a particular ethnic group.

Although the United Kingdom has received large numbers of Asian immigrants these have come mainly from the Indian subcontinent and are mostly Hindus or Muslims. There are some 19,000 refugees from Indo-China in Britain, 22,000 in Germany, and 97,000 in France. The majority of Buddhists in Europe are Caucasians who have converted to

Buddhism rather than immigrants who brought their beliefs with them. Although accurate numbers are difficult to come by, in the UK there are around a hundred Tibetan centres, about ninety Theravāda centres, and some forty Zen centres, together with a further hundred or so other groups including the Friends of the Western Buddhist Order. Converts to Buddhism in both Europe and the United States come predominantly from the middle classes.

All the major forms of Buddhism are now represented in the West, but statistics on the rate of growth of Buddhism are difficult to come by, and there are wide variations in the figures quoted. In his pioneering study *American Buddhism*, Charles Prebish estimated the number of Buddhists in the United States in 1979 as something in the order of a few hundred thousand. Less than ten years later in 1987 the American Buddhist Congress, a body founded in the same year with forty-five affiliated groups, put the figure at 3–5 million. No census of Buddhist groups and organizations in the United States has been undertaken, but Prebish estimates there are now about a thousand such groups. The increase in the popularity of Buddhism can also be seen elsewhere in the West, although the growth has generally been less spectacular in Europe than in the USA. Estimates suggest there are over a million Buddhists in Europe, with about 200,000 in the UK and an equivalent number in France.

Buddhist Schools in the West

To date, Buddhism has presented many different faces to the West. The first form of Buddhism to appeal to a mass audience was Zen, which became popular in America after the Second World War. Many Americans encountered Japanese culture while stationed in the country during military service. Zen has had a strong appeal in America: its emphasis on spontaneity, simplicity, and direct personal experience resonated with cultural trends in post-war America. The iconoclastic and anti-authoritarian spirit of Zen appealed also to the 1950s 'Beat' generation, and the 'Hippy' movement of the 1960s. Those who experimented with LSD and other psychedelic drugs such as mescalin often did so in the context of a spiritually motivated quest for the 'mind-expanding' experience they conceived enlightenment to be.

Japanese schools other than Zen are also well represented in the West. One of the earliest and most popular was the Jōdo Shinshū (True Pure Land School) which was established in Honolulu in 1899. Many of the early Japanese immigrants to the United States were followers of this school, and for many decades its members comprised the majority of Japanese–American Buddhists. More recently, one of the fastest-growing groups in America and Europe has been Soka Gakkai International. Soka Gakkai ('value-creation society') was originally the lay wing of Nichiren-Shōshū, but separated from it early in the 1990s. Soka Gakkai International actively seeks converts and has achieved a growth rate similar to that of evangelical Christianity, which it resembles somewhat in its positive and upbeat gospel of 'good news'. Its teaching that individuals can achieve all their goals through frequent repetition of the mantra *Namu myōhō renge kyō* ('Honour to the *Lotus Sūtra* of the True Dharma') coupled with a positive mental attitude, has proved popular with those attracted to a more optimistic, 'world-affirming' strain of Buddhism. The rock artist Tina Turner is a member of this sect.

Tibetan Buddhism provides a striking contrast with the elegant simplicity of Zen. The rituals, symbols, and ceremonials of Tibetan Buddhism generate a powerful sense of what Rudolf Otto called the 'numinous', or the apprehension of the supernatural as mysterious and uncanny. Tibetan rituals invoke the numinous through the use of chanting, *maṇḍalas*, *mantras*, mystic symbols, ritual implements, candles, incense, and dramatic sounds such as the clashing of cymbals. Teachings are revealed gradually in the course of a series of hierarchical initiations. In the Western imagination, Tibet has long been the epicentre of Eastern mysticism, and the opportunity to meet native teachers from 'the land of snows' and participate in the rituals of an ancient culture is attractive to those who find Western civilization increasingly bereft of spiritual content. The potential for collaboration between Buddhism and humanistic psychology is great, and this may be one of the major channels through which Buddhism enters mainstream Western culture.

Chinese forms of Buddhism are particularly well represented in the United States due in large part to the arrival of immigrants, as noted above. In 1962 Tripitaka Master Hsuan Hua arrived from Hong Kong and shortly afterwards established the Sino-American Buddhist Association in San Francisco in 1968. Before long a majority of the membership was comprised of American Caucasians, and the organization moved to larger headquarters at 'The City of 10,000 Buddhas' in northern California where a school and university were set up along with monastic training institutes. The honour of being the largest Buddhist temple in the Western hemisphere is claimed by the China's Taiwan-based Hsi Lai temple in Los Angeles.

The first Theravāda institution in the United States was established in Washington DC in 1966, and there are now twenty or more monasteries populated by monks from Sri Lanka, Burma, Laos, Thailand, Cambodia, and America. Theravāda Buddhism has been present in England for almost a hundred years, although its low-key style and preference for simple manners over charismatic leadership has meant that its profile has remained low. Theravāda was the first form of Buddhism to appear in the West, and in keeping with the cyclic nature of things is currently undergoing something of a renaissance. Interest in Pali, the language of the Theravāda texts, has increased in recent years, and the availability of electronic editions of the Pali Canon has provided a stimulus to research. New and vigorous Theravāda centres have also sprung up, such as the Amarāvatī Buddhist Centre near Hemel Hempstead in England. This was founded in 1985 under the leadership of the American monk Ajahn Sumedho, a pupil of the Thai monk Ajahn Chaa.

The Popularity of Buddhism

Why has Buddhism proved so popular in the West? The reasons for this are complex, and have as much to do with the cultural history of the West as with the attractions of Buddhism. Various Western 'readings' of Buddhism have been popular from time to time, although often these tell us more about changing fashions in the West than they do about Buddhism. One of the most popular Western interpretations of Buddhism is as a rational philosophy, and developments in the West have created a climate which is favourable to Buddhism when seen in this light. The dominant cultural influences in the West since the Enlightenment in the eighteenth century have been science and secular liberalism. Buddhism *qua* rational philosophy seems compatible with both of these, at least to a greater extent than has been the case with orthodox Western religion. Scientific discoveries, and theories such as evolution, have challenged many traditional Christian teachings, and the long rearguard action fought by established religion in defence of revealed 'truths' has made it seem dogmatic, irrational, and backward-looking. The absence of an anthropomorphic concept of deity is another feature which makes Buddhism more acceptable to the modern mind.

By contrast there seem few Buddhist doctrines which are in direct conflict with science, and proponents of Buddhist rationalism have offered allegorical interpretations of any which are. The Buddhist world-view is less parochial than the universe of traditional Christianity and, if anything, seems to anticipate the findings of modern cosmology rather than be in conflict with them. Recent discoveries in quantum physics, furthermore, suggest that science is slowly coming to a view of reality not unlike that described in Buddhist philosophy. Books such as Frijof Capra's *The Tao of Physics* (1976) have revealed interesting parallels between the conceptual worlds of theoretical physics and Eastern thought.

Even belief in reincarnation – perhaps the most difficult Buddhist concept for Westerners to accept – has received empirical support in studies such as those by the American psychiatrist Ian Stevenson, notably in his book *Twenty Cases Suggestive of Reincarnation* (1974). Belief in reincarnation is widespread in many cultures, and in the post-Christian West the idea is once again becoming part of popular culture. Many people have experimented with past life regression under hypnosis and claim to recall experiences from previous existences. Whatever the truth of the matter, the notion of reincarnation is intriguing and adds an interesting new perspective on human life which many find appealing.

One of the implications of reincarnation is that individuals can transmigrate through different species, for example as when a human being is reborn as an animal, or vice versa. This provides a new perspective on the relationship between man and the rest of creation, one very much in tune with contemporary ecology.

Buddhism also seems in harmony with the other dominant contemporary Western ideology, namely secular liberalism. Buddhism is undogmatic, even to the extent of instructing its followers not to accept its teachings uncritically but always to test them in the light of their own experience. Although it asks that its followers take certain basic teachings on trust in the initial stages, and adopt a positive and open-minded attitude, Buddhism is more concerned with the development of understanding than the acceptance of credal formulas. The fact that Buddhism imposes few confessional, ritual, or other requirements on its followers makes it easy to live as a Buddhist in a pluralistic milieu and minimizes the likelihood of overt conflict with secular values. Perhaps this aspect of Buddhism has contributed to its popularity in the USA, where Church and State are constitutionally separate.

Buddhism is also perceived as liberal and progressive in the field of ethics. Its moral teachings are not expressed as commandments in the imperative form 'Thou shalt not' but as rational principles which if followed will lead to the good and happiness of oneself and others. The Buddhist toleration of alternative viewpoints contrasts with the some of the darker episodes in the history of Western religion, where persecution and torture have been employed in order to stamp out heresy. Westerners who object to the dogmatic moralizing tone of established religion often find Buddhism a congenial alternative within which to pursue their religious goals. Meditation also has a strong appeal, and offers practical techniques for dealing with stress and other psychosomatic problems.

Buddhist Modernism

The fact that Buddhism can be presented as in harmony with influential contemporary ideologies has undoubtedly aided its spread in the West. This reading of Buddhism, however, which has been termed 'Buddhist modernism', suppresses certain features of the religion which have been present since the earliest times which are less in harmony with contemporary Western attitudes. The belief in miracles and in the efficacy of *mantras*, spells, and charms is one such example. Belief in the existence of otherworldly realms populated by gods and spirits, and in the unseen power of karma, are other tenets which have been central to Buddhist teachings from the earliest times.

The traditional Buddhist view of the status of women is also problematic. Many feminists see all religion as inherently patriarchal and repressive, but where Buddhism is concerned the picture is more complex. Buddhism is a product of a traditional Asian society, one in which women were regarded as subservient to men. Largely due to these cultural associations Buddhism may fairly be described as 'androcentric', and there is certainly a tendency in many sources to see rebirth as a female as a relative misfortune. Perhaps this is due not so much to overt discrimination as a reflection of the fact that the lot of women in certain Asian cultures has been – and remains – unenviable. However, it would be wrong to generalize about Asian culture in this respect. As compared to pre-modern Europe, the position of women was far better in legal and other terms in such countries as Burma than in the West. Furthermore, Buddhism does not believe there is any obstacle other than of a social nature to women making spiritual progress. Indeed, Buddhism was one of the first religions to institute a religious order of nuns, although the Buddha was at first reluctant to allow this, feeling, perhaps, that society was not yet ready for such an innovative development.

From a philosophical perspective, many influential Buddhist texts make the point that gender, like all other natural attributes, lacks inherent reality. This undercuts the basis for discrimination against women as far as Buddhist philosophy is concerned. In spite of its acceptance of gender-equality at a philosophical level, however, Buddhism may need to modify certain of its traditional rituals and customs to accommodate the free mingling of the sexes which is customary in the West. An organization known as Sakyadhita ('daughters of the Buddha'), an international association of Buddhist women, exists to unite Buddhist women of various countries and traditions.

A Buddhist Enlightenment?

Other areas of potential conflict between Buddhism and Western thought still remain, and many differences have been papered over rather than squarely faced by modernist interpreters. What seems called for is a 'Buddhist Enlightenment', that is to say a systematic updating of the intellectual foundations of the religion so as to allow a clear and consistent set of teachings on modern issues to emerge. In the last decade or so a broadly based movement known as 'socially engaged Buddhism' has begun the attempt to address questions of a social, political, and moral nature. Based around the teachings of the Vietnamese monk Thich Nhat Hanh, the movement seeks ways to apply the ancient teachings to the challenges of modern life. This is no easy task, since to a large extent Buddhism is a pre-modern phenomenon and has little experience of the problems that life in the West presents. One of the most important centres of Buddhist culture – Tibet – was a medieval theocracy until half a century ago, almost entirely cut off from the outside world. Buddhism in the rest of Asia has been largely geared to the needs of agricultural peasant communities where the village and the monastery live in symbiosis. The problems which arise in these contexts are not the same as those faced by residents of urban communities in the West, where there is no consensus on religious and moral issues and where the individual functions as an atomic unit rather than within a network of kinship relations. The success with which Buddhism is able to reinvent itself for the West will determine the extent to which it becomes a mainstream religious force.

The dilemma Buddhism faces is not unique, and contemporary developments in other religions provide an interesting parallel. It would not be unprecedented if the tensions within Buddhism led to a split between conservative and progressive factions similar to the division between the orthodox and liberal wings of Judaism. Perhaps history will repeat itself, and the arrival of Buddhism in the West will provoke a modern version of the 'Great Schism' which occurred in the third century BC between liberals and conservatives. One group dedicated to the development of a distinctive Western form of Buddhism is the UK-based Friends of the Western Buddhist Order (FWBO). Members of the group live in communities and are dedicated to the evolution of an alternative society supported by co-operatives run in accordance with Buddhist principles.

A New Buddhism for the West?

'Why should there not be in time a Western Buddhism, a Navayana or "new vehicle" . . . not deliberately formed as such but a natural growth from the same roots of Buddhism as all others, that is, the record of the Buddha's Enlightenment? There is no reason why it should not grow happily alongside, and even blend with the best of Western science, psychology and social science, and thus affect the ever-changing field of Western thought. It will not be Theravāda or Zen . . . Just what it will be we do not know, nor does it matter at the present time. The Dhamma as such is immortal, but its forms must ever change to serve the ever-changing human need.'

The above are the words of Christmas Humphreys (1901–83), the founder-president of the Buddhist Society in England. They are taken from his book *Sixty Years of Buddhism in England*, p. 80.

Recent developments in information technology are another factor which will influence the spread of Buddhism. The emergence of the 'CyberSangha' – a network of Buddhist groups in the United States linked by computers – and the availability of online information about Buddhism through electronic media such as the *Journal of Buddhist Ethics*, means that individuals across the globe now have access via the Internet to a 'virtual' Buddhist community of a kind which has never existed before. The existence of a global information network should go a long way to reducing misunderstandings of the kind experienced by the blind men in their encounter with the elephant described in Chapter one.

The historian Arnold Toynbee described the encounter between Buddhism and the West as 'one of the greatest collisions of the twenty-first century'. To this confluence of cultures Buddhism brings a sophisticated psychology, techniques of meditation, a profound metaphysics, and a universally admired code of ethics. The West brings a sceptical empiricism, a pragmatic science and technology, and a commitment to democracy and individual liberty. If the history of the spread of Buddhism to other cultures teaches any lessons it is that a genuinely new and distinctive form of Buddhism will be born from this encounter.

Timeline

BC

604	Birth of Lao-tzu in China
c.566–486	Conventional dates for the life of the Buddha
550–470	Life of Confucius
c.490–410	Life of the Buddha according to more recent research
c.410	The First Council
326	Alexander the Great crosses the Indus
c.325	The 'Great Schism'
323	Death of Alexander
c.321–184	Mauryan dynasty
c.268–239	Reign of Ashoka
c.250	Sectarian divisions appear in the Elder tradition
	Ashoka's missions
	Buddhism brought to Sri Lanka by Mahinda
c.80	Pali Canon written down in Sri Lanka

AD

c.100 BC–AD 100	Origins of the Mahāyāna
	Buddhism arrives in China
c.100	Buddhism in Cambodia
c.150	Buddhism in Vietnam
	Nāgārjuna, founder of the Madhyamaka school

c.200	*Lotus Sūtra*
c.250	Origins of the Yogācāra school
c.400	*Teachings of Vimalakīrti Sūtra*
	Buddhism arrives in Burma (may have come earlier)
	Buddhism arrives in Korea
c.450	North-West India invaded by White Huns
400–500	Life of Buddhaghosa
	Major commentaries on Pali Canon written down
500–600	Development of Tantric Buddhism (Vajrayāna)
	Buddhism arrives in Japan
618–907	T'ang dynasty (China)
600–700	Buddhism arrives in China's Tibet
794–1185	Heian period (Japan)
900–1000	Invasion of north India by Turkish tribes
c.1000	Buddhism arrives in Thailand (may have come earlier)
1044–77	Reign of Anawrahta (Burma)
1185–1333	Kamakura period (Japan)
1173–1262	Shinran
c.1200	Nālandā university sacked for the last time
c.1100–1200	Zen arrives in Japan from China and Korea
1222–82	Nichiren
1200–1300	Buddhism disappears from India
	Marco Polo travels to China
1287	Sack of Pagan by Mongols (Burma)
1357–1410	Life of Tsong-kha-pa
c.1850	Beginning of Western interest in Buddhism
1881	Pali Text Society founded
1907	Buddhist Society of Great Britain and Ireland founded
1987	American Buddhist Congress founded

Further Reading

There are many good introductory books on Buddhism which can be used to supplement the basic sketch provided in this volume. One of the most recent and comprehensive, with the benefit of an excellent bibliography, is: Peter Harvey, *An Introduction to Buddhism. Teachings, History and Practices* (Cambridge, 1997).

Other useful volumes are:

Edward Conze, *A Short Introduction to Buddhism* (London, 1980).
R. H. Robinson and W. L. Johnson, *The Buddhist Religion: A Historical Introduction* (Belmont, Calif., 1982).

A lavishly illustrated introduction with chapters contributed by a range of specialists on the various Buddhist cultures is:

Heinz Bechert and Richard Gombrich (eds.), *The World of Buddhism: Buddhist Monks and Nuns in Society and Culture* (London, 1984).

A very good short introduction to the Buddha's life and social context may be found in:

M. Carrithers, *The Buddha* (Oxford, 1983).

For an illuminating guide to the spread of Buddhism:

E. Zürcher, *Buddhism, its Origins and Spread in Words, Maps and Pictures* (New York, 1962).

For an excellent introduction to Theravāda Buddhism see:

Richard Gombrich, *Theravada Buddhism: A Social History from Ancient Benares to Modern Colombo* (London, 1988).

A simple, lucid explanation of the basic doctrines of Theravāda Buddhism can be found in:

Walpola Rahula, *What the Buddha Taught* (Bedford, 1959).

For a more detailed account of the formative phase of Buddhism in India see:

Rupert Gethin, *The Foundations of Buddhism* (Oxford, 1998).

For a more advanced account of Mahāyāna Buddhism than can be found in any of the sources already mentioned see:

Paul Williams, *Mahayana Buddhism: The Doctrinal Foundations* (London, 1989).

The subject of Buddhist art and iconography is covered in:

D. L. Snellgrove (ed.), *The Image of the Buddha* (London, 1978).

Tantric Buddhism is discussed in:

S. Dasgupta, *An Introduction to Tantric Buddhism* (Berkeley, 1974).
J. Blofeld, *The Tantric Mysticism of Tibet: A Practical Guide* (Boston, 1987).

On Buddhism in China:

K. K. S. Ch'en, *Buddhism in China: A Historical Survey* (Princeton, 1964).
E. Zürcher, *The Buddhist Conquest of China* (Leiden, 1959).

Buddhism in Japan is treated in:

J. M. Kitagawa, *Religion in Japanese History* (New York, 1966).

On Buddhist meditation:

Winston King, *Theravada Meditation: The Buddhist Transformation of Yoga* (University Park, Pennsylvania, 1980).
L. Kornfield, *Living Buddhist Masters* (Boulder, Colorado, 1983).
H. Saddhatissa, *The Buddha's Way* (London, 1971).

A good, practical guide to Buddhist meditation is:

Kathleen McDonald, *How to Meditate* (London, 1984).

On ethics:

H. Saddhatissa, *Buddhist Ethics: Essence of Buddhism* (London, 1987).
Roshi Philip Aitken, *The Mind of Clover: Essays in Zen Buddhist Ethics* (Berkeley, 1984).
Information about the online *Journal of Buddhist Ethics*, edited by the author and Charles S. Prebish, can be obtained by sending an email message to *jbe-ed@psu.edu* or visiting the journal's World Wide Web sites at http: // jbe.la.psu.edu (USA) or http: // jbe.gold.ac.uk (UK).

For further discussion of the kind of issues in medical ethics raised in Chapter 4:

Damien Keown, *Buddhism & Bioethics* (London, 1995).
Damien Keown (ed.), *Buddhism and Abortion* (London, 1999).
William LaFleur, *Liquid Life: Abortion and Buddhism in Japan* (Princeton, 1992).

On the role of women in Buddhism:

Rita M. Gross, *Buddhism After Patriarchy: A Feminist History, Analysis, and Reconstruction of Buddhism* (Albany, NY, 1993).

The following discuss various aspects of the role of Buddhism in the modern world:

P. C. Almond, *The British Discovery of Buddhism* (Cambridge, 1988).
H. Dumoulin (ed.), *Buddhism in the Modern World* (London, 1962).
C. Humphreys, *Sixty Years of Buddhism in England (1907–1967)*, (London, 1968).
T. Kashima, *Buddhism in America: the Social Organization of an Ethnic Religious Institution* (London, 1977).
Ken Jones, *The Social Face of Buddhism* (London, 1989).
Charles S. Prebish, *American Buddhism* (Belmont, Calif., 1979).
Charles S. Prebish and Kenneth K. Tanaka (eds), *The Faces of Buddhism in America* (Berkeley, 1998).
Charles S. Prebish, *Luminous Passage: The Practice and Study of Buddhism in America* (Berkeley, 1999).
Dharmachari Subhuti, *Buddhism for Today: A Portrait of a New Buddhist Movement* (Salisbury, 1983).
Chogyam Trungpa, *Cutting Through Spiritual Materialism* (Berkeley, 1983).

Links to online sources of information about Buddhism can be found at the Global Resources Center at the *Journal of Buddhist Ethics* World Wide Web sites, at the address above.

The best way to learn about Buddhism is to read the Buddha's teachings. The standard complete translation of the Pali Canon, by various authors, is that published by the Pali Text Society. Two other translations of parts of the Buddha's early discourses are:

Maurice Walshe, *The Long Discourses of the Buddha* (Boston, 1995).
Bhikkhu Ñāṇamoli and Bhikkhu Bodhi, *The Middle Length Discourses of the Buddha* (Boston, 1995).

“牛津通识读本”已出书目

古典哲学的趣味
人生的意义
文学理论入门
大众经济学
历史之源
设计，无处不在
生活中的心理学
政治的历史与边界
哲学的思与惑
资本主义
美国总统制
海德格尔
我们时代的伦理学
卡夫卡是谁
考古学的过去与未来
天文学简史
社会学的意识
康德
尼采
亚里士多德的世界
西方艺术新论
全球化面面观
简明逻辑学
法哲学：价值与事实
政治哲学与幸福根基
选择理论
后殖民主义与世界格局
福柯
缤纷的语言学
达达和超现实主义
佛学概论
维特根斯坦与哲学
科学哲学
印度哲学祛魅
克尔凯郭尔
科学革命
广告
数学
叔本华
笛卡尔
基督教神学
犹太人与犹太教
现代日本
罗兰·巴特
马基雅维里
全球经济史
进化
性存在
量子理论
牛顿新传
国际移民
哈贝马斯
医学伦理
黑格尔
地球
记忆
法律
中国文学
托克维尔
休谟
分子
法国大革命
民族主义
科幻作品
罗素
美国政党与选举
美国最高法院
纪录片
大萧条与罗斯福新政
领导力
无神论
罗马共和国
美国国会
民主
英格兰文学
现代主义
网络
自闭症
德里达
浪漫主义
批判理论

德国文学
戏剧
腐败
医事法
癌症
植物
法语文学
微观经济学
湖泊
拜占庭
司法心理学
发展
农业
特洛伊战争
巴比伦尼亚
河流
战争与技术
品牌学
数学简史
物理学
行为经济学
计算机科学
儒家思想
未来

儿童心理学
时装
现代拉丁美洲文学
卢梭
隐私
电影音乐
抑郁症
传染病
希腊化时代
知识
环境伦理学
美国革命
元素周期表
人口学
社会心理学
动物
项目管理
美学
管理学
卫星
国际法
计算机
亚当 · 斯密

电影
俄罗斯文学
古典文学
大数据
洛克
幸福
免疫系统
银行学
景观设计学
神圣罗马帝国
大流行病
亚历山大大帝
气候
第二次世界大战
中世纪
工业革命
传记
公共管理
社会语言学
物质
学习
化学
天体物理学